房地产营销标准化日志

陈桂林　编著

中国建筑工业出版社

图书在版编目（CIP）数据

房地产营销标准化日志/陈桂林编著.—北京：中国建筑工业出版社，2014.5
ISBN 978-7-112-16732-6

Ⅰ.①房… Ⅱ.①陈… Ⅲ.①房地产－市场营销学－标准化
Ⅳ.①F293.35-65

中国版本图书馆CIP数据核字（2014）第072911号

　　本书通过总结万科、龙湖等品牌开发商的标准化，分享房地产营销策划各个环节的内容要点，建立并完善房地产营销策划的标准化体系。涉及目标确定、各部门岗位职责、营销全程控制、市调及方案撰写、项目定位、项目规划设计、项目体验区、项目营销执行、项目案场管理、专题说明等各个环节。

　　本书形式新颖，内容实用，左侧为房地产营销策划各个环节的相关知识，右侧为工作笔记本，可以同时满足业务学习与工作随记的需要，是一本集书本知识与工作笔记本优点于一体的创新类图书。它提供了实用的方法、模板和表格，可以直接运用于日常工作。无论对于刚入行的职场新手，还是已入行的职场高手，都会极大地提高工作效率。

　　希望这本日志可以成为房地产营销策划人员实战操盘的得力工具。

责任编辑：郦锁林　封　毅　毕凤鸣　周方圆
书籍设计：京点制版
责任校对：姜小莲　陈晶晶

房地产营销标准化日志
陈桂林　编著

*

中国建筑工业出版社出版、发行（北京西郊百万庄）
各地新华书店、建筑书店经销
北京京点设计公司制版
北京顺诚彩色印刷有限公司印刷

*

开本：787×1092毫米　1/16　印张：21　字数：500千字
2014年5月第一版　2014年5月第一次印刷
定价：118.00元
ISBN 978-7-112-16732-6
（25557）

个人档案

PERSONAL ARCHIVES

Name 姓名＿＿＿＿＿＿＿＿＿＿＿＿＿＿＿＿＿＿＿

Mobile Telephone 手机＿＿＿＿＿＿＿＿＿＿＿＿＿＿

Company Name 公司名称＿＿＿＿＿＿＿＿＿＿＿＿＿

Company Telephone 公司电话＿＿＿＿＿＿＿＿＿＿

E-mail 电子邮箱＿＿＿＿＿＿＿＿＿＿＿＿＿＿＿＿

Wechat 微信＿＿＿＿＿＿＿＿＿＿＿＿＿＿＿＿＿

QQ＿＿＿＿＿＿＿＿＿＿＿＿＿＿＿＿＿＿＿＿＿

MSN＿＿＿＿＿＿＿＿＿＿＿＿＿＿＿＿＿＿＿＿

Company Website 公司网址＿＿＿＿＿＿＿＿＿＿

Emergency，Please Contact 紧急联络＿＿＿＿＿＿

It would be grateful,anyone who contact with above mobile telephone.
如蒙拾获，请致电，至为感谢。

2015年

January 1

日	一	二	三	四	五	六
				1 元旦	2 十二	3 十三
4 十四	5 十五	6 小寒	7 十七	8 十八	9 十九	10 二十
11 廿一	12 廿二	13 廿三	14 廿四	15 廿五	16 廿六	17 廿七
18 廿八	19 廿九	20 大寒	21 初二	22 初三	23 初四	24 初五
25 初六	26 初七	27 初八	28 初九	29 初十	30 十一	31 十二

February 2

日	一	二	三	四	五	六
1 十三	2 十四	3 十五	4 立春	5 十七	6 十八	7 十九
8 二十	9 廿一	10 廿二	11 廿三	12 廿四	13 廿五	14 廿六
15 廿七	16 廿八	17 廿九	18 除夕	19 春节 雨水	20 初二	21 初三
22 初四	23 初五	24 初六	25 初七	26 初八	27 初九	28 初十

March 3

日	一	二	三	四	五	六
1 十一	2 十二	3 十三	4 十四	5 十五	6 惊蛰	7 十七
8 十八	9 十九	10 二十	11 廿一	12 廿二	13 廿三	14 廿四
15 廿五	16 廿六	17 廿七	18 廿八	19 廿九	20 二月	21 春分
22 初三	23 初四	24 初五	25 初六	26 初七	27 初八	28 初九
29 初十	30 十一	31 十二				

April 4

日	一	二	三	四	五	六
			1 十三	2 十四	3 十五	4 十六
5 清明	6 十八	7 十九	8 二十	9 廿一	10 廿二	11 廿三
12 廿四	13 廿五	14 廿六	15 廿七	16 廿八	17 廿九	18 三十
19 三月	20 谷雨	21 初三	22 初四	23 初五	24 初六	25 初七
26 初八	27 初九	28 初十	29 十一	30 十二		

May 5

日	一	二	三	四	五	六
					1 劳动节	2 十四
3 十五	4 十六	5 十七	6 立夏	7 十九	8 二十	9 廿一
10 廿二	11 廿三	12 廿四	13 廿五	14 廿六	15 廿七	16 廿八
17 廿九	18 四月	19 初二	20 初三	21 小满	22 初五	23 初六
24 初七	25 初八	26 初九	27 初十	28 十一	29 十二	30 十三
31 十四						

June 6

日	一	二	三	四	五	六
	1 十五	2 十六	3 十七	4 十八	5 十九	6 芒种
7 廿一	8 廿二	9 廿三	10 廿四	11 廿五	12 廿六	13 廿七
14 廿八	15 廿九	16 五月	17 初二	18 初三	19 初四	20 端午
21 初六	22 夏至	23 初八	24 初九	25 初十	26 十一	27 十二
28 十三	29 十四	30 十五				

July 7

日	一	二	三	四	五	六
			1 十六	2 十七	3 十八	4 十九
5 二十	6 廿一	7 小暑	8 廿三	9 廿四	10 廿五	11 廿六
12 廿七	13 廿八	14 廿九	15 三十	16 六月	17 初二	18 初三
19 初四	20 初五	21 初六	22 初七	23 大暑	24 初九	25 初十
26 十一	27 十二	28 十三	29 十四	30 十五	31 十六	

August 8

日	一	二	三	四	五	六
						1 十七
2 十八	3 十九	4 二十	5 廿一	6 廿二	7 廿三	8 立秋
9 廿五	10 廿六	11 廿七	12 廿八	13 廿九	14 七月	15 初二
16 初三	17 初四	18 初五	19 初六	20 初七	21 初八	22 初九
23 处暑	24 十一	25 十二	26 十三	27 十四	28 十五	29 十六
30 十七	31 十八					

September 9

日	一	二	三	四	五	六
		1 十九	2 二十	3 廿一	4 廿二	5 廿三
6 廿四	7 廿五	8 白露	9 廿七	10 廿八	11 廿九	12 三十
13 八月	14 初二	15 初三	16 初四	17 初五	18 初六	19 初七
20 初八	21 初九	22 初十	23 秋分	24 十二	25 十三	26 十四
27 中秋	28 十六	29 十七	30 十八			

October 10

日	一	二	三	四	五	六
				1 国庆节	2 二十	3 廿一
4 廿二	5 廿三	6 廿四	7 廿五	8 寒露	9 廿七	10 廿八
11 廿九	12 三十	13 九月	14 初二	15 初三	16 初四	17 初五
18 初六	19 初七	20 初八	21 初九	22 初十	23 十一	24 霜降
25 十三	26 十四	27 十五	28 十六	29 十七	30 十八	31 十九

November 11

日	一	二	三	四	五	六
1 二十	2 廿一	3 廿二	4 廿三	5 廿四	6 廿五	7 廿六
8 立冬	9 廿八	10 廿九	11 三十	12 十月	13 初二	14 初三
15 初四	16 初五	17 初六	18 初七	19 初八	20 初九	21 初十
22 小雪	23 十二	24 十三	25 十四	26 十五	27 十六	28 十七
29 十八	30 十九					

December 12

日	一	二	三	四	五	六
		1 二十	2 廿一	3 廿二	4 廿三	5 廿四
6 廿五	7 大雪	8 廿七	9 廿八	10 廿九	11 十一月	12 初二
13 初三	14 初四	15 初五	16 初六	17 初七	18 初八	19 初九
20 初十	21 十一	22 冬至	23 十三	24 十四	25 十五	26 十六
27 十七	28 十八	29 十九	30 二十	31 廿一		

2016年

January 1

日	一	二	三	四	五	六
					1 元旦	2 廿三
3 廿四	4 廿五	5 廿六	6 小寒	7 廿八	8 廿九	9 三十
10 十二月	11 初二	12 初三	13 初四	14 初五	15 初六	16 初七
17 初八	18 初九	19 初十	20 十一	21 十二	22 十三	23 十四
24 十五	25 十六	26 十七	27 十八	28 十九	29 二十	30 廿一
31 廿二						

February 2

日	一	二	三	四	五	六
	1 廿三	2 廿四	3 廿五	4 立春	5 廿七	6 廿八
7 除夕	8 春节 正月	9 初二	10 初三	11 初四	12 初五	13 初六
14 初七	15 初八	16 初九	17 初十	18 十一	19 雨水	20 十三
21 十四	22 元宵节	23 十六	24 十七	25 十八	26 十九	27 二十
28 廿一	29 廿二					

March 3

日	一	二	三	四	五	六
		1 廿三	2 廿四	3 廿五	4 廿六	5 惊蛰
6 廿八	7 廿九	8 三十	9 二月	10 初二	11 初三	12 初四
13 初五	14 初六	15 初七	16 初八	17 初九	18 初十	19 十一
20 春分	21 十三	22 十四	23 十五	24 十六	25 十七	26 十八
27 十九	28 二十	29 廿一	30 廿二	31 廿三		

April 4

日	一	二	三	四	五	六
					1 廿四	2 廿五
3 廿六	4 清明	5 廿八	6 廿九	7 三月	8 初二	9 初三
10 初四	11 初五	12 初六	13 初七	14 初八	15 初九	16 初十
17 十一	18 十二	19 谷雨	20 十四	21 十五	22 十六	23 十七
24 十八	25 十九	26 二十	27 廿一	28 廿二	29 廿三	30 廿四

May 5

日	一	二	三	四	五	六
1 劳动节	2 廿六	3 廿七	4 廿八	5 立夏	6 三十	7 四月
8 初二	9 初三	10 初四	11 初五	12 初六	13 初七	14 初八
15 初九	16 初十	17 十一	18 十二	19 十三	20 小满	21 十五
22 十六	23 十七	24 十八	25 十九	26 二十	27 廿一	28 廿二
29 廿三	30 廿四	31 廿五				

June 6

日	一	二	三	四	五	六
			1 廿六	2 廿七	3 廿八	4 廿九
5 芒种	6 初二	7 初三	8 初四	9 端午	10 初六	11 初七
12 初八	13 初九	14 初十	15 十一	16 十二	17 十三	18 十四
19 十五	20 十六	21 夏至	22 十八	23 十九	24 二十	25 廿一
26 廿二	27 廿三	28 廿四	29 廿五	30 廿六		

July 7

日	一	二	三	四	五	六
					1 廿七	2 廿八
3 廿九	4 六月	5 初二	6 初三	7 小暑	8 初五	9 初六
10 初七	11 初八	12 初九	13 初十	14 十一	15 十二	16 十三
17 十四	18 十五	19 十六	20 十七	21 十八	22 大暑	23 二十
24 廿一	25 廿二	26 廿三	27 廿四	28 廿五	29 廿六	30 廿七
31 廿八						

August 8

日	一	二	三	四	五	六
	1 廿九	2 三十	3 七月	4 初二	5 初三	6 初四
7 立秋	8 初六	9 初七	10 初八	11 初九	12 初十	13 十一
14 十二	15 十三	16 十四	17 十五	18 十六	19 十七	20 十八
21 十九	22 二十	23 处暑	24 廿二	25 廿三	26 廿四	27 廿五
28 廿六	29 廿七	30 廿八	31 廿九			

September 9

日	一	二	三	四	五	六
				1 八月	2 初二	3 初三
4 初四	5 初五	6 初六	7 白露	8 初八	9 初九	10 初十
11 十一	12 十二	13 十三	14 十四	15 中秋	16 十六	17 十七
18 十八	19 十九	20 二十	21 廿一	22 秋分	23 廿三	24 廿四
25 廿五	26 廿六	27 廿七	28 廿八	29 廿九	30 三十	

October 10

日	一	二	三	四	五	六
						1 国庆节
2 初二	3 初三	4 初四	5 初五	6 初六	7 初七	8 寒露
9 初九	10 初十	11 十一	12 十二	13 十三	14 十四	15 十五
16 十六	17 十七	18 十八	19 十九	20 二十	21 廿一	22 廿二
23 霜降	24 廿四	25 廿五	26 廿六	27 廿七	28 廿八	29 廿九
30 三十	31 十月					

November 11

日	一	二	三	四	五	六
		1 初二	2 初三	3 初四	4 初五	5 初六
6 初七	7 立冬	8 初九	9 初十	12 十一	11 十二	12 十三
13 十四	14 十五	15 十六	16 十七	17 十八	18 十九	19 二十
20 廿一	21 廿二	22 小雪	23 廿四	24 廿五	25 廿六	26 廿七
27 廿八	28 廿九	29 十一月	30 初二			

December 12

日	一	二	三	四	五	六
				1 初三	2 初四	3 初五
4 初六	5 初七	6 初八	7 大雪	8 初十	9 十一	10 十二
11 十三	12 十四	13 十五	14 十六	15 十七	16 十八	17 十九
18 二十	19 廿一	20 廿二	21 冬至	22 廿四	23 廿五	24 廿六
25 廿七	26 廿八	27 廿九	28 三十	29 十二月	30 初二	31 初五

如何使用本日志

在这本日志中，阐述了房地产运营过程中营销策划的标准化，包括目标确定、各部门岗位职责、营销全程控制、市调及方案撰写、项目定位、项目规划设计、项目体验区、项目营销执行、项目案场管理、专题说明等各个环节内容要点。

为方便您更好地使用本手册，现提供几项使用要点：

其一，对于刚入行的职场新手，它提供了一些实用的方法、模板和表格，可以立即运用于日常工作；对于已入行的职场高手，它提供了房地产营销策划标准化的系统解决思路。

其二，对于刚进入房地产行业的企业，它提供了如何避免失败、获得成功的经验；对于在房地产行业中前行的企业，它引导建立自身的标准化体系，以此来更轻松地完成销售目标，取得项目成功；对于已成为知名品牌的开发商，它鼓励彼此之间的分享交流。

其三，对于房地产经营管理中特别是营销策划中遇到困难、差错的您，它提供了规避风险、解决难题、通向成功的"标准化"捷径。

最重要的是，在本书浓缩的内容之外，有专门的增值服务网站，可使您获得更多的内容要点、更深度的专家服务。网站：www.xlhgw.com。

通过本手册，希望通过总结万科、龙湖等品牌开发商的标准化，分享房地产营销策划过程各个环节的内容要点，建立完善的标准化体系。希望这本日志可以成为房地产职业经理人实战操盘的得力工具。

真诚地邀请您，为本书的不妥之处给予宝贵的建议，希望通过共同的努力为各位手册使用者提供有价值的、持久的服务。

前言

《房地产营销标准化日志》是在《房地产开发标准化日志》连续出版的基础上进行的深化。《房地产开发标准化日志》注重的是总经理层面的管理体系与要点，而《房地产营销标准化日志》注重的是在营销专项上的系统与要点，更适合营销副总、总监和营销经理的使用，会成为营销工作者的得力助手。

《房地产开发标准化日志》出版以来，得到业内的普遍认可。意料之中的是很多职业经理人和老板不仅亲自使用，而且还推荐给更多的同行好友。意料之外的是一批地方型开发企业，全员更换日志本，购买超过百本的《房地产开发标准化日志》作为公司的统一工作日志。

在过去的一年里，除了网络的热销以外，还有大量的咨询需求，有在线咨询的，也有登门交流的。业内人士结合企业实际情况，给新书的知识更新提出了更多更好的实战方法和改进意见。

这些给了我们巨大的动力，我们积极地编写系列的"房地产标准化日志"，包括此次推出的《房地产营销标准化日志》、《房地产开发标准化日志（第二版）》，以及未来《房地产设计标准化日志》、《房地产工程标准化日志》、《房地产物业标准化日志》、《房地产景观标准化日志》、《房地产财务标准化日志》等。

《房地产营销标准化日志》重点讲解标准化建设在营销方面的体系和要点：

营销体系

◆《房地产营销标准化日志》在营销体系方面进行全面系统地阐述，力求在管理层面通过实际工作方法把营销工作管理标准化，实现管理体系的完整，避免职业经理人因为个人的从业经验不足出现系统错误。

营销要点

◆《房地产营销标准化日志》注重了定位部分的模型，避免开发商造成不可弥补的巨大损失；注重规划设计与市场的关系，将市场的需求通过简单有效的方法变成设计方案；体验区的创新与方法的总结，可以让项目在激烈的市场环境中脱颖而出等等。

营销专题

◆ 尾房的产生，如何避免，具体的操作方法，一一例举；如何充分利用容积率的指标，进行产品的组合，确保项目利润在设计方案上的可行性；车库与地下室的成本优化等等，这些困扰开发商的难题，这里分别进行了阐述。

我们也希望更多的专家和企业加入到"房地产标准化日志"系列管理体系的建设中来，为房地产的健康持续发展贡献力量。

陈桂林

目 录CONTENTS

第八部分 CHAPTER *Eight* 项目体验区标准化

第九部分 CHAPTER *Nine* 项目营销执行标准化

第十部分 CHAPTER *Ten* 项目案场管理标准化

第一部分　营销管理境界提升

1.1　房地产公司如何进行运营标准化

正所谓三流企业卖劳力和产品；二流企业输出品牌、技术、管理，进行低成本扩张；一流企业制定标准和游戏规则。万科、龙湖等领先企业早已建立了标准化体系，通过不断发掘并整合项目实操中积累的经验和教训，实现"像麦当劳一样运作"的标准化运营。标准化带来的是产业化与规模化。在房地产市场政策、资源、成本等越来越透明的情况下，谁拥有足够的"软实力"——标准化体系，谁就拥有行业的未来。标准化的背后是排他性的竞争，是竞争的高级阶段。

分析众多标杆房地产企业运营实践，标准化体系应包括：（1）产品标准化；（2）流程标准化；（3）合约标准化；（4）操作规范标准化；（5）工作成果标准化。

下面从这五个方面详细展开，系统地阐述房地产企业标准化体系的建立。

01　产品标准化——实现连锁、复制开发

◆ 项目利润率最大化

★ 房地产企业要实现做大、做强的目标，其实可以归集为一个基本公式：$M = S \times F$。其中，M 是利润额，S 是销售额或营业收入，F 是利润率。

★ 如何实现 M 最大化呢？如下图：

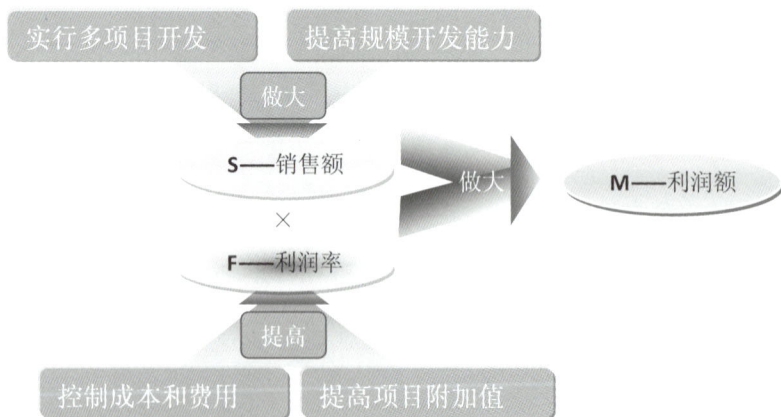

实行多项目开发　　提高规模开发能力

做大

S——销售额

做大　　　　　　M——利润额

×

F——利润率

提高

控制成本和费用　　提高项目附加值

★ 如上图所示，M 最大化需要 S 或 F 增大，或者二者同时增大。影响二者的因素有四：多项目开发、规模开发能力、成本和费用及项目附加值。扩大销售额需要通过实行多项目开发和提高规模开发能力实现，提高利润率可以通过控制成本和费用及提高项目附加值来实现，包括规划、设计、概念和品牌的附加值等。

★ 房地产企业在实行多项目开发时，因为不同项目的物业形态、规模等大都不同，所以往往导致开发效率和项目利润率较低，即从规模开发能力、成本和费用及项目附加值入手效果往往不是最快最明显的，那么，怎么才能同时满足做大 M 的条件呢？

开发阶段：　　　　　　　　　　　　　　　　　　年　月　日——　年　月　日

总结与提升：

◆ 产品标准化案例

　　★ 所谓产品模式标准化就是基于预测和研发的、适合市场需求和自身能力的、可复制开发的、独特的、相对固化的产品线。见下图：

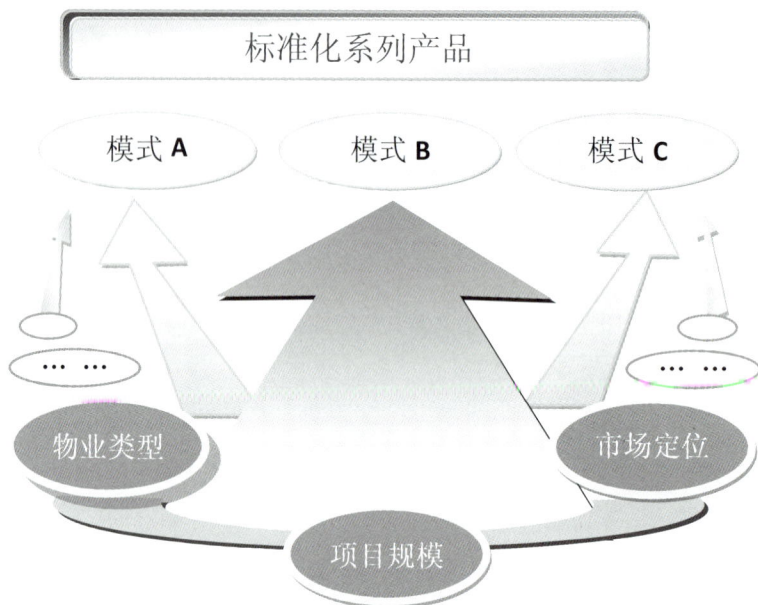

　　★ 目前业内一线企业几乎都在积极地推行产品标准化工作：

　　　● 万科——城花系列（城市中心外围住宅）、四季系列（城郊结合部住宅）、金色系列（城市中心住宅）和自然人文系列。

　　　● 龙湖地产——高层低密度住宅系列、地中海式别墅系列、天街系列、大城小院系列。

　　　● SOHO 中国——"SOHO"系列（SOHO 现代城 / 建外 SOHO/SOHO 尚都）。

　　　● 世茂集团——滨江豪宅系列（上海、福州、南京、武汉、哈尔滨等城市开发的滨江豪宅）。

　　　● 阳光 100——"阳光 100"系列（北京、天津、济南、长沙等城市开发的阳光 100 新城）。

　　　● 万达集团——"万达商业广场"系列。

　　★ 对产品标准化的认识易产生下列误区：

　　　● 认为就是简单地复制标准蓝图，事实上所复制的产品线必须是具有核心竞争力的好产品；

　　　● 认为是一个项目复制另一个项目，事实上是前期的部分复制，而不是整个项目照搬复制。

　　★ 产品标准化的目的是"形而上学"地确定企业的产品线，进而进行复制、连锁开发，以从根本上降低开发成本和费用，提高开发效率和效益。

◆ 研究、确定产品线的程序和步骤

　　★ 第一步：根据企业发展规划的"产品战略"和"市场战略"等，调研、分析企业曾经开发过的项目，分析其产品特点，确定出"产品线"数量——确定研究架构和产品线数量。

开发阶段： 　　　年　月　日——　　年　月　日

总结与提升：

【示例】

某房地产上市企业产品线系列矩阵图：三条产品线				
产品线		纯现代	新中式	微欧
高端住宅产品	系列代号	×	CPX-02	×
	物业类型	×	多层、小高层、高层	×
中高端住宅产品	系列代号	CPX-01	×	CPX-03
	物业类型	小高层、高层	×	小高层、高层

★ 第二步：对"产品线"下具有代表性的项目进行标准化分析，包括对项目中观区位、建筑风格、项目规模、设计标准等进行系统分析，确定标准化的产品模式。

★ 第三步：确定标准化内容，见下图。产品标准化内容一般包括但不限于以下内容：

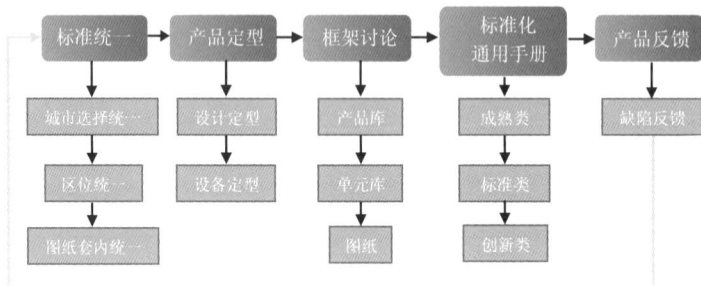

- 总图设计的标准化：小区规划设计中的总平面图中的入口、道路、标识、公共设施；
- 建筑风格的标准化：如欧式风格、美式风格；
- 建筑立面的标准化：选材、色彩、细节；
- 户型的标准化；
- 构件的标准化：集中采购、节约成本、降低错误率；
- 产品性能标准化；
- 其他产品元素的标准化：如会所、大门、围墙等。

★ 以产品的"景观模块"为例，要分别确定不同景观风格下的标准化"设计图集"：

风格划分	细分项	子模块编号
三种景观风格	小区围墙	CPX-JG-ZS-01
	入口岗亭	CPX-JG-ZS-02
	车挡	CPX-JG-ZS-03
	景桥	CPX-JG-ZS-04
	景墙	CPX-JG-ZS-05
	水景	CPX-JG-ZS-06
	步道	CPX-JG-ZS-07
	井盖	CPX-JG-ZS-08
	栏杆	CPX-JG-ZS-09
	景观亭	CPX-JG-ZS-10
	车库、自行车雨篷	CPX-JG-ZS-11
	种植搭配	CPX-JG-ZS-12
	绿化面积比	CPX-JG-ZS-13
	室外栏杆	CPX-JG-ZS-14
	标识	CPX-JG-ZS-15
	景观家具	CPX-JG-ZS-16

总结与提升：

◆ 产品模式确定

★ 确定开发模式以及连锁开发模式。标准化产品线下项目开发模式应包括投资开发模式、土地获取模式、规划设计模式、工程建设模式、营销模式、商业物业运营模式等全程操作模式；产品线连锁开发模式应基于同一产品线在不同城市、不同项目上的复制、连锁开发要求，要充分明确项目的城市选择、项目选址、开发流程、项目组织管理、计划与目标管理、财务管理、风险控制等内容。

◆ 最终成果

★ 每一条产品线都要分别形成《项目开发手册》和《产品技术标准》两份工具手册。其中《产品技术标准》应以标准图集的形式呈现，并包括产品标准化的各项内容。总之，要完全具备可以复制、连锁开发的基础。

02 流程标准化——异地化、多项目开发的基础

◆ 首先，每一条产品线都应该分别建立不同的项目开发流程，并形成《项目开发流程手册》。例如，某房地产企业有三条产品线，那么就应该建立不同的开发流程体系，对应关系示例如下：

★ A 项目模式——城区高层电梯公寓产品线——《A 项目模式开发流程手册》

★ B 项目模式——低密度项目产品线——《B 项目模式开发流程手册》

★ C1 项目模式——销售型商业地产产品线——《C1 项目模式开发流程手册》

★ C2 项目模式——持有经营型商业地产产品线——《C2 项目模式开发流程手册》

◆ 其次，每类项目模式的开发流程应涵盖项目开发全程、各项工作的流程，至少包括但不限于以下十四个方面：

★ 1. 项目管控模式及组织管理

★ 2. 项目开发计划管理

★ 3. 项目目标管理

★ 4. 项目获取管理

★ 5. 项目规划设计管理

★ 6. 项目报批报建管理

★ 7. 项目成本管理

★ 8. 供方资源与招标采购管理

★ 9. 工程组织建设管理

★ 10. 项目营销管理

★ 11. 客户关系管理

★ 12. 项目结案及项目后评价管理

★ 13. 项目开发全程应急事件预案管理

★ 14. 项目开发全程风险预警与控制

可见，流程标准化是针对某一产品线或特定产品模式的标准化，是基于不同企业、不同产品线差异性而建立的开发流程——差异性是流程标准化的基础。但令人遗憾的是，至今仍有许多企业在机械地照搬杠杆企业的开发流程体系，也有为数不少的咨询机构在贩卖杠杆企业的管理模式，实在是有无人之嫌。

特别应该注意的是，只有在流程规范化工作完成后，企业才具备导入信息化系统的基础。大量实践证明，在没有完善流程制度前先导入这些信息化系统，属于典型的"本末倒

总结与提升：

置"错误。许多房地产企业花费了几百万元、上千万元引进的信息化系统大多都束之高阁。前车之鉴，应当铭记！

03 合约标准化——降低履约风险的根本保证

合约标准化就是建立统一的、规范的、可执行的合同范本。以比较简单的户外广告合同为例，我们发现，大多数房地产企业所签订的《户外广告发布合同》都是广告公司提供的"格式合同"，其中隐含着许多不利于开发企业的条款。而且我们还发现，即便是同一家企业的不同项目公司所签订的《户外广告发布合同》条款内容也有很大差异——不仅徒劳增加大量重复性的合同洽谈工作，而且其中可能隐藏着可以寻租的利益空间，还加大了履约风险。但是如果企业推行标准化合同文本，这些问题就可以迎刃而解了。假如企业在研究、总结各个项目公司所签订的《户外广告发布合同》的基础上，再借鉴其他企业的履约经验、纠纷案例及教训，总结出企业自己的。比如有50项条款的标准化《户外广告发布合同》，并要求相关部门和项目公司：其中45条不得变通，其中5条可以在公司设定的"红线"内发挥各自的谈判能力；广告公司在认可标准化《户外广告发布合同》内容的情况下才可以合作，那么，合作风险将大大降低。

以此类推，诸如《工程三方协议》、《营销代理协议》等，企业都可以在内部推行标准化合同文本。房地产企业的对外商务合同可以划分为8类、50多种。试想，如果每一种合同都推行标准化文本，那么合同洽谈、选择供方的工作效率必将大大提高，合作伙伴选择风险和履约风险必将大大降低，就可以从根本上规避企业在合同方面存在的种种问题。

04 操作规范标准化——减少失误，从根本上提高工作绩效

◆ 操作规范不同于国家标准规范，它可以视为指导企业内部各项工作的技术标准，或者依据企业实际情况所编制的企业规范。企业的操作规范应高于国家标准规范，即前者比后者标准要高。而且，企业大多数工作，往往是国家标准规范没有涉及的，只能由企业自行编制。例如《工程质量标准》、《建筑防渗防漏操作规范》、《项目成本基础条件调研、测算规范》、《A项目模式标准化成本定额》等等。

◆ 以《项目成本基础条件调研、测算规范》为例。我们知道，如果待开发土地上有输电塔之类的构筑物是很难移走的，很多企业曾经在这方面犯下错误，其结果是既延迟了开工时间，甚至还不得不变更规划方案。要避免这种简单的错误，企业就应该对项目的基础条件进行全面的调研。根据兰德咨询公司总结、研究的结果，调研涉及供电工程、给水工程、排水工程、采暖工程、煤气管道工程、通信系统及其他七个方面、四十多项。以"供电工程"为例，就涉及十一项内容：

   ★ 1. 确定项目所在区域市政供电路线图；
   ★ 2. 确定项目所在区域高压系统示意图；
   ★ 3. 确定项目所在区域总体供电容量及周边电力负荷；
   ★ 4. 估算拟开发项目的用电容量；
   ★ 5. 当地供电（局）所总体供电规划；
   ★ 6. 当地供电（局）所对用户供电及报装的有关规定；
   ★ 7. 当地供电（局）所对变压器选型的要求；
   ★ 8. 周边其他地产项目供电造价情况；
   ★ 9. 确定电力接口位置及距离项目红线边距离；
   ★ 10. 项目用地范围内是否有高、低压输电线路和设施；

总结与提升：

★ 11. 是否需要设置变电所。

◆ 调研时，每一项内容都要进行指标性描述，并分析"对产品设计的影响"和"对产品成本的影响"。只有这样，才能更加准确地进行前期成本测算和产品策划，才不会重复企业或其他企业曾经犯过的错误及所经历过的惨痛教训。

有人说，企业少犯错误就是效益。这话不无道理。显然，建立并推行一套全面的操作规范和技术标准是根本之策。

05 工作成果标准化——各项工作输入、输出成果的标准化

房地产企业如果要从根本上提高开发效率和工作质量，还要建立一套标准化的工作模板。房地产企业标准化工作模板就是各项工作标准化的输入、输出成果，包括各种各样的标准表单、计划、请示、报告、方案书等。

如果各项工作成果都能标准化、模板化，例如工程管理有《工程建设管理方案书》模板，成本分析有《成本分析报告》模板，设计委托有《设计委托书和设计要求》模板，那么无论是哪个人、哪个项目部，哪怕是人员变更，都要遵照模板要求的内容及深度来工作——模板中的"空白"必须填满。这在最大程度上避免了不同部门、人员、项目部因为工作经验、习惯、能力或责任心大小等的不同而形成良莠不齐的工作成果。缺乏标准化，既不利于绩效评价，也不利于领导审核、审批。反之，实现标准化，就能最大程度地弱化人为因素，并确保工作成效。这就像写毛笔字：如果老师教学生写"大"，即便是讲多少遍写法，学生可能还是写不好。最好的方法是给学生提供临摹字帖——让学生比着写几遍。

1.2 高效会议管理标准化

01 会议流程标准化

◆ 会议主持人（协调人）为提出议案的人。

◆ 会议主持人（协调人）根据会议议题确定参会者、会议时间，通知人员参会，主持会议。

◆ 会议内容：阐述会议背景、会议目标（具体要做什么事情），当场征询意见，参会者就议题发表观点，达成最终协议，安排后续工作。

◆ 议程需要有一定的灵活性，议程迫使参会者仔细思考自己希望在会议上所达到的目标以及如何最好地去达成这样的目标。

02 参会者要求

◆ 鼓励参会者发言。

◆ 带着资料开会，会议以数据为依据。

03 会议决策者要求

◆ 会议决策者在会议中扮演重要角色，决策者必须要有权威。

◆ 如参会者对提议均认同，则决策者直接决定。

◆ 如参会者对某些环节存在争议，在不违反原则的前提下，由决策者直接拍板决定。

总结与提升：

◆ 如决策者认为信息不全面，则下次会议再决策，但必须明确时间节点。

◆ 若在开会过程中涉及原会议议程没有的话题，如果决策者觉得很重要，则可加入会议议程；如果不是很重要，则无须加入，减少会议的时间。

◆ 为了增强会议的有效性，对于比较有争议的事情，决策者应该根据争议的焦点来迅速做出判断和决定。若无法做出决定，则放入下次会议议题。

04 会议记录人员标准化

◆ 会议要有专门的会议记录人员，会议进程中要同时进行会议纪要的同步展示，以确保参会人员能在会议上达成真正的一致。通过制作一份各方认同的官方纪要，可以最大程度地消除不准确性和不一致性。

◆ 会议结束后为未能参加会议的相关人员发送一份会议纪要，保证未参加会议人员能了解到本次会议的主题内容。

◆ 未来的工作以标准的官方会议纪要作为参考。

05 开好会议要点标准化

◆ 忠于时间：任何会议都要有明确的时间。为了给会议增加点压力以保持参会人员的注意力，会议可以准备能投射到墙上的巨大的计时器，以友善、有趣的方式明确会议时间。

◆ 忠于会议的主要目标：通常会议无非有三个目的：管理、沟通、决策，而无论哪个目的最主要的都是以行动为焦点。例如讨论要采取什么行动，上次行动的结果如何，或是在不同的行动方案中选择一个，避免没有讨论行动的会议。

◆ 发言顺序选择：根据会议的内容和形式由会议组织者决定发言顺序，可顺序发言，也可自由发言。最后由会议组织者根据会议主要的意见进行总结发言，形成最终决议。

1.3 团队竞争——绝对PK

绝对PK指当客户资源没有完全开发完时所进行的PK，一般由业绩低者向业绩高者挑战。

01 绝对PK的步骤

◆ 制造PK环境：条幅、标语，如：你追我赶争冠军，欢天喜地创佳绩。

◆ 制定PK规则：时间、单一性指标、对象、奖励与处罚、赌资、规则。

◆ 由相关部门每天公布PK的进展情况，提高工作积极性。

◆ 视觉化：照片、榜样、冠军。

◆ 通过PK向优胜者学习，由榜样进行培训，讲解成为冠军的秘密：A榜样复制，B动作分解，C标准化流程建立。

◆ 建立积分制，建立档案。

总结与提升：

02 PK的资格

◆ **PK 资格**：以正常增长速度的 PK 业绩标准作为参加 PK 的资格。

◆ **退出**：当 PK 参与人员的业绩降到 PK 资格以下时，则退出 PK。

03 PK的规则

◆ 无规矩不成方圆，在 PK 挑战赛中双方提前约定比赛的各项重要指标。

◆ **比赛周期**：一般以月为 PK 周期，一般不超过三个月。

◆ **单一指标**：一般为对企业业绩起到关键作用的指标，如销售额、增长率、客户数、生产量等。

◆ **PK 对象**：员工与员工、团队与团队、员工本月与自己上月目标。

◆ **奖励与处罚**：奖励与处罚必须事先说明，如增加一定比例的提成额。

◆ **赌资**：一般为一定数额的现金。

◆ **公平的条件**：所有的 PK 必须基于相同的规则，不因个体差异、能力差异而改变 PK 条件。

1.4 时间管理自我检核表

针对下表每一项内容，凡做到的打"√"，然后计算一下做到事项占总事项的百分比。一个月后再检核一次，就可以看出时间管理的进步所在。

序号	内容	现在	一月后
01	你是否热爱你所做的工作，并始终保持积极心态？		
02	你是否用书面形式制定了一套明确的远期、中期、近期目标与计划？		
03	在一天工作开始前你是否已编好了当天的工作次序，拟定了"每月工作计划表"？		
04	你是否把每天要办的事按轻重缓急列出单子，并尽量把重要的事早点办妥？		
05	你是否把工作注意力集中在目标上而不是集中在过程上？		
06	你是否以工作成绩和效果而不以工作量作为自我考核的依据？		
07	你是否铭记时间的货币价值？		
08	你今天为实现人生的远期、中期、近期计划做过什么工作？		
09	你是否每天都留出计划和思考问题的时间？		
10	你是否合理利用上下班途中的时间？		
11	你是否注意午饭的食量，以避免下午打瞌睡？		
12	你是否给自己留出足够的时间，突出处理危机和意外事件？		
13	你是否尽量把工作授权给其他人处理？		
14	你是否将挑战性工作和例外性工作都授权给其他人处理？		

开发阶段：   年   月   日——   年   月   日

总结与提升：

15	对于你的下级，你是否根据"权责一致"的原则授权？		
16	你是否阻止你的下级对他们认为棘手的工作"倒授权"？		
17	你是否有效地利用下级的协助，使自己获得充裕的时间，同时避免自己成为浪费他人时间的瓶颈？		
18	你是否采取了某些措施以减少无用资料和刊物占用你的时间？		
19	你是否采取了某些措施以减少无用资料和刊物占用你的办公桌？		
20	你是否只在不可避的情况下才利用书面形式处理事情，而一般则选用电话沟通？		
21	你是否养成凡事马上行动，立即就做的习惯？		
22	你是否强迫自己迅速做出决策？		
23	你是否在获得关键性资料后马上进行决策？		
24	你是否不把时间浪费在对失败的懊悔和气馁上？		
25	你是否经常给自己和别人规定工作期限要求？		
26	你是否尽可能早地中止那些毫无收益的活动？		
27	你是否随身携带一些书籍和空白卡片，以便在等待时间（如排队、旅途）里随时阅读或记录心得和事物？		
28	当你面临许多需要解决的问题时，你是否运用"80/20原理"处理？		
29	你是否真正控制了时间，你的行动是否取决于自己，而不是取决于环境或他人的影响？		
30	你是否尽量对每一种工作只做一次处理？		
31	你是否积极地设法避免干扰（如访客、会议、电话等）？		
32	你是否腾出一部分时间为下级提供训练？		
33	你是否善于应用节约时间的工具？		
34	当天工作结束时，你是否检查哪些工作没有按原计划进行？原因何在？如何补救？		
35	在你召开会议前是否考虑了取代该次会议的各种途径？		
36	开会时你是否设法提高会议效率与效果？		
37	为了更好地管理自己的时间，你是否经常（或定期）进行时间统计？		
38	你是否定期检查自己的时间支配方式，以确定有无各种浪费时间的原因？		
39	你是否经常尝试你从事某项工作的最佳时间？		
40	你是否将重要的工作安排在你工作效能最佳的时间做？		

现在我已做到＿＿＿＿＿＿＿＿项　　现在做到事项的百分比＿＿＿＿＿＿＿＿%

一个月后做到＿＿＿＿＿＿＿＿项　　一个月后做到事项的百分比＿＿＿＿＿＿＿＿%

总结与提升:

1.5 房地产的竞争是效率的竞争

—— 高效时间管理

01 高效管理,从你的"时间"开始!

"不能管理时间,便什么都不能管理"

—— 彼德•德鲁克

02 房地产公司时间管理常见误区

(1) 分不清轻重缓急;(2) 有委派与没授权;(3) 缺乏规范整理;
(4) 交叉管理混乱; (5) 部门之间的推诿;(6) 议而不决。

03 实际工作中,许多工作都可以从以下两个方面分析

◆ 紧急程度
★ 有些工作是需要特别紧急处理的,有些事不太紧急或不紧急。
◆ 重要程度
★ 工作也可以按照重要程度来划分,对于重要的工作要花费较多的时间和精力去做,对于不太重要或不重要的工作不必去做或只花费很少的时间去做。

时间管理级别		时间管理 4D 原则	成功人士时间安排比例
第一项	重要、紧急	立即做	20% ~ 25%
第二项	重要、不紧急	稍后做	65% ~ 80%
第三项	不重要、紧急	授权	15%
第四项	不重要、不紧急	不做	< 1%

◆ 6 点优先工作制
★ 写下第二天要做的事情。
★ 请按事情的重要顺序,分别从 1 到 6 标出六件最重要的事情。
★ 每天一开始,全力以赴做好标号为 1 的事情,直到它被完成或被完全准备好,然后再全力以赴做好标号为 2 的事,依次类推……
★ 自己按此方法试行,然后向全公司每一位员工推行。

总结与提升：

第二部分　目标确定的标准化

目标和计划是计划管理中的两个基本元素：目标是企业的方向，计划是目标的落实途径。

2.1　目标管理的内容

01　目标管理的误区

◆ 缺乏总体目标，走一步，看一步。许多房地产开发商在立项初期就未设定目标，公司的人员都是在干工作，只追求过程，而未关注结果，导致项目周期无限期延长、成本无限制增加、利润率无限制下降等核心问题产生。

◆ 目标提出不切实际，团队未认可。目标由董事长或管理层提出，在执行团队层面根本不认可，导致目标过高，无力实现，终未实现的结果是团队丧失士气。

◆ 目标提出，不给相应的支持和资源。目标提出后，管理层未给予充分的评估，在执行团队需求的政策、资源上不给予支持，目标实现仍是一句空话。

◆ 目标与绩效奖励挂钩程度低，完成或不完成都一样。奖要奖得心动、罚要罚得心痛，在团队共同认可、给予充分的支持后，即制定严格的奖罚绩效机制，让执行团队看到完成后的巨大利益，全力以赴，保障目标的实现。

◆ 目标总是在不断调整。目标确定后不断调整，执行团队无所适从。

02　目标管理的认识

"目标管理"的概念是由管理专家彼得·德鲁克（Peter Drucker）1954 年在其名著《管理实践》中最先提出的，德鲁克认为，并不是有了工作才有目标，而是相反，有了目标才能确定每个人的工作。所以"企业的使命和任务，必须转化为目标"，如果一个领域没有目标，这个领域的工作必然被忽视。

03　目标的性质

目标表示最后结果，而总目标需要由子目标来支持。这样，组织及其各层次的目标就形成了一个目标网络。作为任务分配、自我管理、业绩考核和奖惩实施的目标具有如下特征：（1）层次性；（2）网络性；（3）多样性；（4）可考核性；（5）可实现性；（6）富有挑战性；（7）伴随信息反馈性。

04　目标管理的特点

◆ 明确目标：目标管理中目标应具体明确。

◆ 参与决策：目标管理用参与的方式决定目标，上级和下级共同参与目标的选择和对如何实现达成一致意见。

◆ 规定期限：每一个目标的完成都应有一个明确的时间界限。

◆ 反馈绩效：目标管理寻求不断将目标的进展情况反馈给每个执行者，以便他们

开发阶段：　　　　　　　　　　　　　　年　月　日——　年　月　日

总结与提升：

能够调整各自的行动。也包括运用正式的评估会议，上下级共同回顾和检查进展情况。

05 目标管理的8个问题

◆ 目标是什么？实现目标的中心问题、项目名称。

◆ 达到什么程度？达到的质、量、状态。

◆ 谁来完成目标？负责人与参与人。

◆ 何时完成目标？期限、预定计划表、日程表。

◆ 怎么办？应采取的措施、手段、方法。

◆ 如何保证？应给予的资源配备和授权。

◆ 是否达成了既定目标？对成果的检查、评价。

◆ 如何对待完成情况？与奖惩安排的挂钩、进入下一轮目标管理循环。

06 目标的来源

◆ 公司战略规划

◆ 顾客意见——越来越重要

◆ 主管目标

◆ 同事意见

◆ 员工意见

◆ 职位说明书

◆ 市场/同行/竞争对手

07 目标管理的制定步骤

◆ 理解公司的整体目标是什么，制定组织的全局目标。

◆ 制定符合 SMART 原则的目标，分解目标。

★ S（specific）明确具体的；M（measurable）可衡量的；A（accepted）应被管理人员和员工双方接受，现实可行的；R（relevant）和成果相关的，即设定的目标应该是与企业的需要和员工的发展相关的；T（time-related）有时间限制的。

★ 检验目标是否与上司目标一致，部门管理者与部门成员共同设计彼此的具体目标。制定目标的时候，一定要和相关部门提前沟通。

◆ 在各级管理者和员工之间就如何实现目标的具体行动计划达成协议。

★ 大部分中层管理者都知道，但往往是到这一步就算完事了，岂不知，问题才刚刚开始。

★ 确认可能碰到的问题，以及完成目标所需的资源。

★ 列出实现目标所需的技能和授权。

★ 防止目标滞留在中层不往下分解。

◆ 实施行动计划。

◆ 定期检查目标实现的进展情况，并提供反馈。

◆ 目标的成功实现基于绩效奖励的强化。

总结与提升：

2.2 房地产目标确定标准化

01 房地产目标分解

◆ 战略目标：集团的战略发展规划、项目在集团发展规划中的定位、项目的战略定位。

◆ 经营目标：在取得项目土地使用权、项目公司成立、规划指标确定后，以可行性研究报告确定的开发进度及收益测算为基础，制定经营目标，经营目标可分解为规划目标、经济目标、品牌目标、进度目标四部分。

★ 规划目标：占地面积、容积率、车位及商业配套需求、定位目标。

★ 经济目标：开发量、完工量、销售收入、销售价格、资金需求、现金流、目标成本、利润及利润率、费用预算。

★ 品牌目标：品牌塑造、客户满意度。

★ 进度目标：土地证办理、拆迁安置、方案设计、报批报建、营销策划、工程建设、竣工交付、物业入住。

◆ 经营方向：在利润、速度、品牌、成本控制之间的平衡与倾向性。

02 房地产目标确定

◆ 项目定位前，首先要明确房地产开发商在本项目开发中的目标要求，有了目标，才会有适合的定位方向。

举例：一个地块，如果开发商需要快速回笼资金，主力定位方向或产品配比有可能偏向于刚需住宅；如果开发商需要品牌形象及利润，主力产品有可能偏向于改善型的洋房或别墅类产品。

◆ 目标确定建议通过开发商董事长、总经理及各部门负责人访谈及项目启动会的形式进行梳理、确定。

举例：不了解开发商的目标就盲目进行定位是不准确的，也是缺乏前提和依据的。在与开发商刚刚达成合作意向或初次接触时，可以通过邀约访谈的形式，初步了解开发目标，同时也提醒开发商梳理清楚目标，不能盲目开发。待开发目标基本明确后，召集启动会议，在会议上进一步明确，同时与各部门进行沟通，让目标成为执行团队共同的目标，再行开展工作。

03 房地产目标确定之访谈提纲

◆ 董事长或总经理访谈提纲

★ 请董事长介绍企业的发展背景、自身优势及未来的企业发展规划。

★ 请介绍地块的基本情况，规划指标（占地、容积率、配套要求等）。规划部门对于商业配比、车位配比等提出了哪些要求？

★ 项目的配套设施需求，酒店、商业、会所、医院、学校、幼儿园等。

★ 请对地块的土地获得先后顺序以及土地获得情况进行简单介绍。

★ 政府对于地块所处区域及周边未来的规划发展如何考虑（路网、交通配套、生活配套、教育配套、商业配套、景观打造等方面）。

★ 公司对于项目的经济目标要求有哪些（开发量、完工量、销售收入、价格、资金需求、回款要求、利润及利润率等）。

开发阶段：　　　　　　　　　　　　　　　　年　　月　　日——　　年　　月　　日

总结与提升：

★ 公司对于项目的品牌目标如何考虑（是否重点考虑打造项目品牌，是突出项目品牌还是建设开发商品牌）。

★ 公司对于项目的进度目标如何控制（土地获得、拆迁、方案、报批、开工、体验区开放、预售、封顶、竣工、交付等）。

★ 公司对于利润、速度、品牌、成本控制之间的平衡关系如何考虑？

★ 政府相关部门是否对项目提出了特殊的要求？

★ 董事长或总经理认为项目面临的最大困难和挑战是什么？

★ 公司能够提供哪些方面的支持实现共同的目标（人力、资源、资金、价格杠杆等）。

★ 过往公司是否开发过同类项目，是否有成熟的产品线，值得总结的经验或教训有哪些？

★ 董事长或总经理是否设想过本项目的参考案例或标杆项目，值得研究的要点推荐。

★ 项目的投资方、股东结构如何？

★ 项目回拆、安置的比例，是否有团购、定向开发、内部分配等需求。

★ 对于合作公司的选择情况（设计院、地质勘查、营销策划、景观设计、承建公司、物业公司等）。

★ 对于商业的经营模式（自持及经营比例、商业经营公司、招商团队、合作的主力店等）。

★ 集团或公司是否有相关优势资源为房地产开发提供支持，如商业、酒店、高尔夫、旅游、餐饮、游艇等。

◆ 财务部或成本部访谈提纲

★ 董事长提出的经济目标，财务部有哪些补充？

★ 本项目的土地成本是多少？在获得土地过程中是否产生了其他的财务费用。

★ 过往开发过的同类项目，成本构成的基本概况如何？

★ 可参考的前期费用大约是多少？包括政府配套费、设计费及临建费用等。

★ 各类建筑形态可参考的建安工程费用是多少？包括基础、结构、门窗、外墙、保温、公共部位装修、主体安装等。

★ 可参考的室外总平费用是多少？包括室外管网、智能化、园林景观等。

★ 可参考的开发管理费用是多少？

★ 可参考的不可预见费预留比例是多少？

★ 启动本项目所需的资金及融资的金额、财务成本是多少？

★ 税费包括营业税、土地增值税等是多少？

★ 关于本项目的启动资金及资金平衡的计划是怎样的？

★ 项目面临的最大困难和挑战是什么？

◆ 设计部及工程部访谈提纲

★ 请初步介绍地块的基本情况，规划指标（占地、容积率、配套要求等）。规划部门对于商业配比、车位配比等提出了哪些要求？

★ 政府对于地块所处区域及周边未来的规划发展如何考虑（路网、交通配套、生活配套、教育配套、商业配套、景观打造等方面）。

★ 开发必要的市政配套完善的时间节点如何？

★ 项目开工前的限制条件有哪些？

总结与提升：

- ★ 公司对于项目的进度目标如何控制（土地获得、拆迁、方案、报批、开工、体验区开放、预售、封顶、竣工、交付等）。
- ★ 可参考的前期费用大约是多少？包括政府配套费、设计费及临建费用等。
- ★ 各类建筑形态可参考的建安工程费用是多少？包括基础、结构、门窗、外墙、保温、公共部位装修、主体安装等。
- ★ 可参考的室外总平费用是多少？包括室外管网、智能化、园林景观等。
- ★ 是否设想过本项目的参考案例或标杆项目，值得研究的要点推荐。
- ★ 公司过往开发的项目，在项目定位、周期计划、工程质量等方面有哪些值得借鉴及总结的方面？
- ★ 项目面临的最大困难和挑战是什么？
- ★ 不利因素评估：火葬场、垃圾场、变电站、高压线、公墓、暗渠、文物、寺庙、机场、航道、专业医院、监狱、污染源（造纸厂、热电厂、化工厂等）、输油输气管道等。
- ★ 项目营销示范体验区的设置位置如何选择更合理、满足提前施工、呈现的需求且避免与施工通道冲突。

◆ 营销策划部及同行访谈提纲
- ★ 项目的营销目标如何（品牌、销售量、去化进度等）。
- ★ 对项目所处的城市宏观环境的认识如何（包括地理位置、人口、交通、经济发展等方面）。
- ★ 对项目所处的城市房地产发展的认识如何（过往两年的包括供应量、成交量、成交价格、存量及房地产走势）。
- ★ 对项目所处区域的评价如何（城市的发展规划；各个板块的价格、客户群、代表项目等特征；区域的发展规划；区域的板块特征）。
- ★ 对项目所处地段的评价如何（地段的交通、生活、医疗、教育、商业等配套；地段的景观等独特价值资源；客户群对于地段的接受度及抗性）。
- ★ 对项目的竞争楼盘评价如何（主要的竞争楼盘有哪些，竞争楼盘的产品特征、竞争优势、客户群、销售价格、销售周期、营销展示、推广渠道、活动策略、促销策略等）。
- ★ 竞争楼盘的平均去化速度如何（年去化面积、套数等）。
- ★ 竞争楼盘的配套产品（商业、车库、车位、储藏室等）销售率、销售价格如何？
- ★ 未来的竞争楼盘供应有哪些（未来的潜在竞争楼盘开发商、基本规划及产品特征、入市周期等）。
- ★ 本项目与竞争楼盘相比的竞争优劣势有哪些？
- ★ 项目面临的最大困难和挑战是什么？
- ★ 本项目的客户群特征如何（购房需求、置业次数、年龄、家庭结构、经济状况、工作区域、现住区域等）。
- ★ 本项目可借鉴楼盘有哪些（项目名称、借鉴要点等）。
- ★ 本项目的产品定位如何（分期节奏、营销展示区规划、建筑类型、不同建筑类型的产品特征及户型面积、功能等）。
- ★ 本项目的产品特点有哪些（规划、建筑、立面、户型、景观、展示、配套、服务等方面）？

開发阶段: 年   月   日——   年   月   日

总结与提升:

04　房地产目标确定之启动会

◆ 通过项目启动会的形式，对项目定位的前提条件及部门之间的配合、协调进行明确。

★ 会议时间：项目启动、访谈结束、项目定位之前。

★ 参加人员：董事长、总经理及各部门负责人。

★ 会议主题：明确目标、统一思想、沟通协调。

★ 会议内容：对访谈提纲的要点内容进行总结、沟通、统一目标、限制条件等。

★ 提供资料：经确认的书面规划设计条件等，避免口头回应产生偏差。

◆ 项目启动会之注意事项

★ 目标明确、方向清晰之后，不可随意调整，否则将造成目标与结果无法达成一致的状况。

★ 面向市场开发的项目，应充分考虑面对客户及结果的营销策划部门的意见。

★ 确定各部门的工作要点、落实相关责任人、限定时间、结果、监督人。

★ 各责任人公开提出困难与要求，并给出相关解决建议，确保分工能够有效执行。进一步达成共识，对计划、成本以及相关工作质量作出承诺，完成资源匹配。

总结：目标管理将贯穿房地产开发管理的始终，围绕着清晰的目标前进，才能够达到终点。

此部分改进与提高之处：

_____

_____

_____

_____

_____

_____

_____

_____

总结与提升:

第三部分　各部门岗位职责标准化

管理职责不清，交叉管理，是管理低效和出现错误的主要原因。管理混乱是中小开发商常见的问题，解决如何管理问题之前，先解决管什么？

3.1　营销部组织架构、岗位职责

01　组织架构

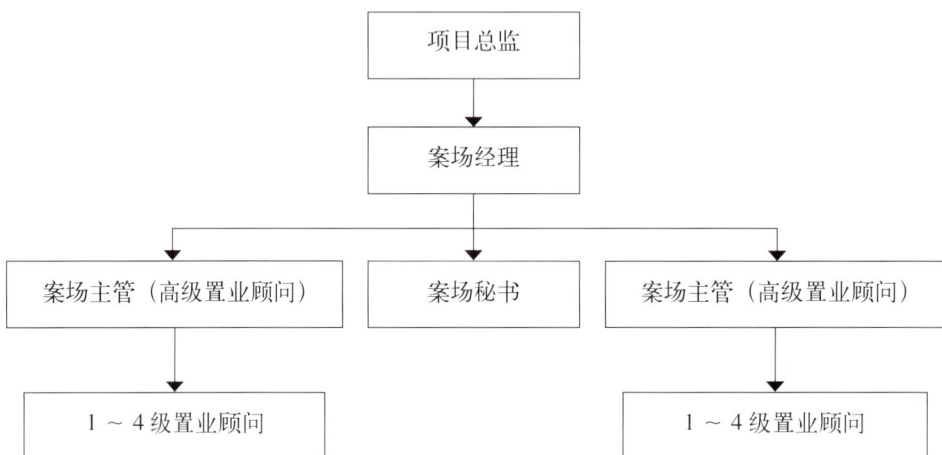

02　岗位职责

◆ 项目总监岗位职责

岗位名称	项目总监	所属部门	营销部
直接上级	总经理	直接下级	案场经理
岗位图	总经理 ↓ 项目总监 ↓ 案场经理		

开发阶段：　　　　　　　　　　　　　年　月　日——　年　月　日

总结与提升：

岗位职责			
工作项目	具体职责	工作权重	绩效标准
项目统筹	★ 全面负责委托项目的调研、定位、设计跟踪、营销、策划、销售管理等工作统筹	10%	
案场日常管理	★ 考勤管理 ★ 人事管理：案场人员进场、调动、离职等相关工作的确认 ★ 卫生管理：检查案场卫生清洁工作 ★ 仪容、仪表管理：检查案场人员仪容、仪表 ★ 办公用品及销售资料管理 ★ 备用金管理：审核案场报销及备用金使用情况 ★ 奖惩管理：依照《案场规章管理制度》实施奖惩 ★ 会议管理：检查、指导、规范案场早晚会议；对会议反映问题进行总结、反馈；召开开盘、促销等关键节点的演练及动员会 ★ 培训、对练、考核管理：监督案场人员的培训、对练、考核工作，并进行指导和规范	15%	
销售管理	★ 案场报表管理：每日、每周日、每月最后一天18：00前审核《来电客户分析表》《来访客户分析表》《业务统计分析表》《案场销售台账》《案场销售统计表》《成交客户分析表》《案场日、周、月报》《案场经理工作日志》，并形成分析总结汇报总经理 ★ 销售流程管理：负责销售体系、营销流程构建及规范，提出及时整改意见和建议；定期组织销售现场进行销售流程演练和培训 ★ 销售团队管理：组织、建设和培养销售团队；增强公司销售团队的凝聚力 ★ 佣金结算管理：负责与甲方、公司佣金结算 ★ 销售目标管理：完成公司确定的业绩目标；对案场业绩目标完成过程中的建议 ★ 负责项目的总结、复盘，提出优化建议工作	20%	
沟通、协调工作	★ 负责组织、提报、沟通阶段性工作任务完成报告 ★ 负责案场与公司、甲方、其他单位相关部门的沟通、协调工作 ★ 对工作中存在的问题及时进行协调解决	15%	
营销策略	★ 负责项目营销策略制定，提出包括营销节奏、价格策略、推盘策略等重要建议 ★ 负责定位方向的提出，设计等关键环节会议的参加，并提出可实施建议 ★ 及时的销售成果评价、反馈、策略调整	15%	
公司管理	★ 公司制度的建立和完善 ★ 公司发展和目标的建议	5%	
其他工作	★ 完成公司或领导安排的其他工作 ★ 参加公司组织的周、月、季、年等会议，并根据要求完成汇报	5%	
工作创新	★ 工作方法上的创新及标准化 ★ 项目市场调研的准确把握和创新思考 ★ 项目营销方法的准确把握和创新思考 ★ 项目广告推广的准确把握和创新思考	10%	
市场拓展工作	★ 配合公司开发部市场开发工作 ★ 积极跟进项目的开发进度	5%	

开发阶段：　　　　　　　　　　　　　　　　　　年　　月　　日——　　年　　月　　日

总结与提升：

工作协作关系	内部	上级：总经理 下级：案场经理、案场主管、案场秘书、置业顾问 其他：行政部、财务部、策划部、人事部等	
	外部	甲方：销售部、策划部、行政部、财务部、按揭办证部、网签部、工程部等 其他：相关服务供应商	
岗位禁区			
相关业务流程名称		谈客流程、接电流程、认购流程、签约流程、更名流程、换户流程、退户流程、补款流程、按揭流程、放贷流程、请佣流程	
职位关系	可直接升迁的职位		
	可互相转换的职位		
	可升迁至此的职位	案场经理	
任职资格	教育背景	经济管理、房地产管理、规划、建筑、市场营销等相关专业专科以上学历	
	培训经历	受过管理学、公司战略、公共关系、市场调研、策划、销售现场、房地产业、规划、建筑、园林景观、室内装饰、广告设计等相关培训	
	经验要求	5 年以上相关工作经验，独立全程操作 10 万 m^2 以上项目	
任职人签字		任职人上级签字	人力资源部签字

◆ **案场经理岗位职责**

岗位名称	案场经理	所属部门	营销部
直接上级	项目总监	直接下级	案场主管、案场秘书
岗位图			

项目总监 → 案场经理 → 案场主管 / 案场秘书

总结与提升：

岗位职责			
工作项目	具体职责	工作权重	绩效标准
考勤 管理	★ 检查案场人员考勤签到 ★ 检查临时外勤人员登记 ★ 配合项目总监审核《案场人事系统》 ★ 配合项目总监审核每月《案场人员考勤统计表》	2%	
人事 管理	★ 人员进场、调动、离职信息输入《案场人事系统》工作 ★ 检查人员进场、调动、离职的办公用品、客户资料的领取、归还、交接和登记工作 ★ 人员进场、调动、离职的相关行政手续办理工作	2%	
卫生 管理	★ 检查案场人员卫生区域清洁工作 ★ 制定并审核《卫生区域排轮表》	3%	
仪容、 仪表管理	★ 对案场人员仪容、仪表提出规范和要求 ★ 检查案场人员仪容、仪表情况	3%	
排轮 管理	★ 每日下班前整理出第二天《排轮顺序表》 ★ 对排轮接待进行监督、调整	2%	
办公用品及 销售资料管理	★ 检查、规范案场人员的销售道具准备情况 ★ 检查办公用品和销售资料的保管情况 ★ 审核《案场办公用品申购单》和《销售资料申购单》	3%	
奖励、 处罚管理	★ 依照《案场规章管理制度》下发《案场纪律处罚单》 ★ 检查奖励、处罚执行情况	2%	
会议 管理	★ 组织案场早晚会议 ★ 对早会进行指导和规范 ★ 对会议反映的问题进行总结、反馈	5%	
广告推广、促销活动培训及效果评价	★ 配合组织广告推广和促销活动的相关培训 ★ 总结意见反馈，并对效果进行评价	2%	
培训、对练、考核管理	★ 组织案场人员的培训、对练、考核工作 ★ 对培训、对练、考核进行指导和规范 ★ 对培训、对练、考核进行总结	10%	
销售业务管理	★ 检查、调整排轮接待情况 ★ 检查、指导接电工作和《来电客户登记表》填写情况 ★ 检查、指导"来电客户"分配和《来电客户追踪表》追踪、填写情况 ★ 检查、指导《来访客户追踪表》追踪、填写情况 ★ 检查、指导、协助谈客	20%	
市场调研管理	★ 配合项目总监组织案场人员对政策信息、市场信息、项目信息、剪报信息进行常态化调研 ★ 配合项目总监检查相关责任人的调研资料 ★ 配合项目总监对市场调研进行指导和规范	3%	

总结与提升：

销售流程管理	★ 认购、折扣、换户、更名、退户合同、缴款、放款流程执行的监督 ★ 认购、折扣、换户、更名、退户合同、缴款、放款资料的审核、确认 ★ 检查合同的申领和日常保管情况 ★ 检查近期应签约、补款、办理按揭客户追踪执行情况	10%	
日周月报管理	★ 配合项目总监每日、每周日、每月最后一天18：00前审核《来电客户分析表》、《来访客户分析表》、《业务统计分析表》、《案场销售台账》、《案场销售统计表》、《成交客户分析表》、《案场日、周、月报》，并发送公司销售部和甲方销售部	10%	
佣金结算管理	★ 配合项目总监每月最后一天审核本月《项目佣金结算表》 ★ 配合项目总监与甲方、公司佣金结算 ★ 配合项目总监做案场佣金的签收工作	5%	
沟通、协调工作	★ 配合项目总监做案场与公司、甲方、其他单位相关部门的日常沟通、协调工作 ★ 配合项目总监对工作中存在的问题及时进行协调解决	5%	
销售团队管理	★ 配合项目总监组织、建设案场销售团队 ★ 增强案场销售团队的凝聚力	5%	
营销策略	★ 配合项目总监和策划人员制定项目营销、价格、优惠、销控策略 ★ 配合项目总监做项目营销、价格、优惠、销控体系的建立和调整	5%	
市场拓展工作	★ 配合项目总监做所在城市、区域的市场开发工作 ★ 配合公司开发部做市场开发工作 ★ 配合项目总监积极跟进项目的开发进度	3%	

工作协调关系	内部	上级：项目总监 下级：案场主管、案场秘书、置业顾问 其他：行政部、财务部、策划部、人事部等	
	外部	甲方：销售部、策划部、行政部、财务部、按揭办证部、网签部、工程部等 其他：相关服务供应商	
岗位禁区			
相关业务流程名称	谈客流程、接电流程、认购流程、签约流程、更名流程、换户流程、退户流程、补款流程、按揭流程、放贷流程、请佣流程		
职位关系	可直接升迁的职位		项目总监
	可互相转换的职位		
	可升迁至此的职位		案场主管
任职资格	教育背景	经济管理、房地产管理、规划、建筑、市场营销等相关专业专科以上学历	
	培训经历	受过管理学、公司战略、公共关系、市场调研、策划、销售现场、房地产业、规划、建筑、园林景观、室内装饰、广告设计等相关培训	
	经验要求	3年以上相关工作经验，独立全程操作10万 m² 以上项目	
任职人签字		任职人上级签字	人力资源部签字

总结与提升：

3.2 策划部组织架构、岗位职责

01 组织架构

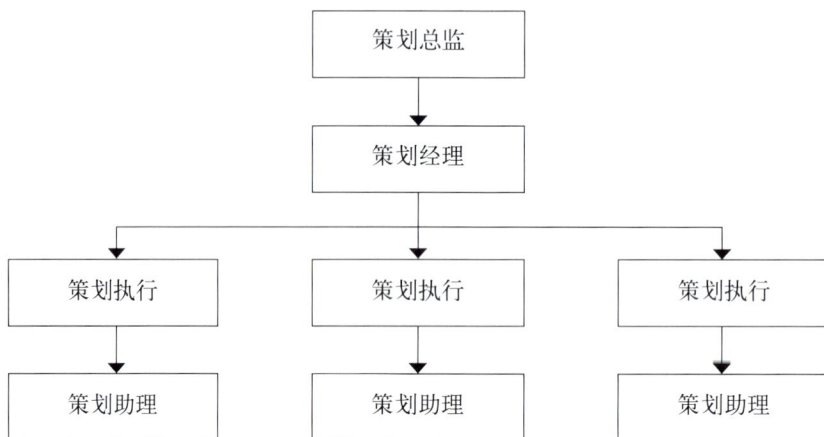

02 岗位职责

◆ 策划总监岗位职责

岗位名称	策划总监	所属部门	策划部
直接上级	总经理	直接下级	策划经理

岗位图

```
总经理
  ↓
策划总监
  ↓
策划经理
```

岗位职责			
工作项目	具体职责	工作权重	绩效标准
业务接洽	★ 客户情况分析及判断 ★ 准备公司资料及项目洽谈资料 ★ 对项目策划营销工作准确的分析和判断 ★ 项目操作关键点的梳理和总结,并能独立完成项目洽谈	5%	
项目分析	★ 项目相关资料的收集和整理 ★ 初步的市场调研和判断 ★ 组织项目小组,展开项目策划工作的研讨和分工	5%	

开发阶段：　　　　　　　　　　　　　年　月　日——　　年　月　日

总结与提升：

市场调研	★ 根据项目情况的市场调研方向明确 ★ 市场调研前的准备和人员组织分工 ★ 市场调研关键点的明确及要求 ★ 市场调研监督跟踪及示范执行 ★ 市场调研效果的管控 ★ 市场调研资料分析整理及在方案中的运用	10%	
方案撰写	★ 根据市场调研情况的分析明确方案方向 ★ 明确方案的参考样本和调整内容 ★ 明确方案撰写的人员分工及时间安排 ★ 方案撰写过程中的每日工作明确及方案研讨 ★ 方案汇总阶段的要求明确及提升 ★ 方案主题思路和特色创新上的深度优化	15%	
方案汇报	★ 方案汇报前的准备及工作分工 ★ 方案汇报前的不少于3次的演练和模拟 ★ 方案汇报关键点的把握，并独立完成方案的汇报	10%	
方案执行	★ 方案调整合格后的执行工作计划的明确 ★ 方案执行过程中的质量管理 ★ 方案执行过程中关键点的提前把握 ★ 方案执行过程中的具体调整能力 ★ 和甲方针对方案和执行的有效沟通	10%	
工作创新	★ 工作方法上的创新及标准化 ★ 项目定位和产品定位上的准确把握及创新思考 ★ 项目产品策划标准化建立和执行及创新思考 ★ 项目参考案例的准确把握和创新思考 ★ 项目市场调研的准确把握和创新思考 ★ 项目营销方法的准确把握和创新思考 ★ 项目广告推广的准确把握和创新思考	10%	
人员管理	★ 策划人员的招聘、培训、培养 ★ 策划人员的日常工作规范管理 ★ 策划人员的工作心态调整和业务提升 ★ 策划人员的考核和培训	10%	
公司管理	★ 公司制度的建立和完善 ★ 公司发展和目标的建议	5%	
业绩目标	★ 完成公司确定的部门业绩目标 ★ 对部门业绩目标完成过程的监督	10%	
其他工作	★ 完成公司或领导安排的其他工作 ★ 参加公司组织的周、月、季、年等会议，并根据要求完成汇报 ★ 每月展开策划部门的技能大比武，并形成分析总结	5%	
市场拓展工作	★ 独立展开市场开发工作 ★ 配合公司开发部进行市场开发工作 ★ 积极跟进项目的开发进度	5%	

总结与提升：

工作协调关系	内部	上级：总经理 下级：策划经理 其他：销售部、行政部、财务部、人事部等		
	外部	甲方：销售部、策划部、工程部 其他：广告公司、活动公司		
岗位禁区				
相关业务流程名称				
职位关系	可直接升迁的职位			
	可互相转换的职位			
	可升迁至此的职位	策划经理		
任职资格	教育背景	经济管理、房地产管理、规划、建筑、市场营销、广告、设计等相关专业专科以上学历		
	培训经历	受过管理学、公司战略、市场调研、策划、销售现场、房地产业、规划、建筑、园林景观、室内装饰、广告设计等相关培训		
	经验要求	5 年以上相关工作经验，独立全程操作 10 万 m^2 以上项目		
任职人签字		任职人上级签字		人力资源部签字	

◆ **策划经理岗位职责**

岗位名称	策划经理	所属部门	策划部
直接上级	策划总监	直接下级	策划执行、策划助理
岗位图			

总结与提升：

岗位职责			
工作项目	具体职责	工作权重	绩效标准
业务接洽	★ 客户情况分析及判断 ★ 准备公司资料及项目洽谈资料 ★ 对项目策划营销工作准确的分析和判断 ★ 项目操作关键点的梳理和总结，配合完成项目洽谈	5%	
项目分析	★ 项目相关资料的收集和整理 ★ 初步的市场调研和判断 ★ 组织项目小组，配合策划总监展开项目策划工作的研讨和分工	5%	
市场调研	★ 根据项目情况的市场调研方向明确 ★ 配合完成市场调研前的准备和人员组织分工 ★ 市场调研关键点的明确及要求 ★ 市场调研的执行 ★ 市场调研效果的管控 ★ 市场调研资料分析整理及在方案中的运用	10%	
方案撰写	★ 配合完成根据市场调研情况的分析明确方案方向 ★ 配合完成明确方案的参考样本和调整内容 ★ 配合完成明确方案撰写的人员分工及时间安排，能独立完成方案的撰写 ★ 方案撰写过程中的每日工作明确及方案研讨 ★ 方案汇总阶段的要求明确及提升 ★ 方案主题思路和特色创新上的深度优化	15%	
方案汇报	★ 方案汇报前的准备及工作分工 ★ 方案汇报前的不少于 3 次的演练和模拟 ★ 配合策划总监完成对方案汇报关键点的把握，能基本完成方案的汇报	10%	
方案执行	★ 方案调整合格后的执行工作计划的明确 ★ 方案执行过程中的质量管理 ★ 方案执行过程中关键点的提前把握 ★ 方案执行过程中的具体调整能力 ★ 和甲方针对方案和执行的有效沟通	10%	
工作创新	★ 工作方法上的创新及标准化 ★ 项目定位和产品定位上的准确把握及创新思考 ★ 项目产品策划标准化建立和执行及创新思考 ★ 项目参考案例的准确把握和创新思考 ★ 项目市场调研的准确把握和创新思考 ★ 项目营销方法的准确把握和创新思考 ★ 项目广告推广的准确把握和创新思考	10%	
人员管理	★ 策划人员培训、培养 ★ 策划人员的日常工作规范管理 ★ 策划人员的工作心态调整和业务提升 ★ 策划人员的考核和培训	10%	
公司管理	★ 公司制度的建立和完善 ★ 公司发展和目标的建议	5%	

总结与提升：

业绩目标	★ 完成公司确定的部门业绩目标 ★ 对部门业绩目标完成过程的监督	10%	
其他工作	★ 完成公司或领导安排的其他工作 ★ 参加公司组织的周、月、季、年等会议，并根据要求完成汇报 ★ 每月展开策划部门的技能大比武，并形成分析总结	5%	
市场拓展工作	★ 独立展开市场开发工作 ★ 配合公司开发部进行市场开发工作 ★ 积极跟进项目的开发进度	5%	
工作协调关系	内部	上级：策划总监 下级：策划执行、策划助理 其他：销售部、行政部、财务部、人事部等	
	外部	甲方：销售部、策划部、工程部 其他：广告公司、活动公司	
岗位禁区			
相关业务流程名称			
职位关系	可直接升迁的职位	策划总监	
	可互相转换的职位		
	可升迁至此的职位	策划执行	
任职资格	教育背景	经济管理、房地产管理、规划、建筑、市场营销、广告、设计等相关专业专科以上学历	
	培训经历	受过管理学、公司战略、市场调研、策划、销售现场、房地产业、规划、建筑、园林景观、室内装饰、广告设计等相关培训	
	经验要求	3 年以上相关工作经验，独立全程操作 10 万 m^2 以上项目	
任职人签字		任职人上级签字	人力资源部签字

此部分改进与提高之处：

_____

_____

_____

_____

总结与提升：

第四部分　营销全程控制标准化

4.1　项目前期工作计划及各阶段工作时间表（甘特图）

	开始时间															
	持续时间		"XXX"项目前期工作计划及各阶段工作时间表													
	完成时间															

现场售楼处亮相/2011-6-1		一期开工/2011-4-1		预售证/2011-9-20		客户认筹/2011-8-1		正式开盘/2011-10-1							

		工作项目	开始	完成	天数	负责	配合	2011.2					2011.3				
对接		甲方工作人员联系一览表确认	2-14	2-15	2	开发商		5	10	15	20	25	5	10	15	20	25	30
		乙方工作人员架构组建	2-14	2-15	2													
		乙方工作人员联系一览表确认	2-14	2-15	2	代理商												
		工作联系单格式及沟通方式确认	2-14	2-15	2		开发商											
项目整体定位及物业发展建议部分	方案	项目基础数据确定		2-1		代理商	开发商										
		项目可行性初步研究		2-1													
		项目整体定位及物业发展建议		2-1													
		项目规划建筑设计任务书建议		2-1													
		规划建筑设计院选择/确定		2-1		开发商	代理商											
		项目规划总图设计跟踪服务		2-1													
		项目户型平面设计跟踪服务		2-1													
		项目建筑立面设计跟踪服务		2-1		建筑设计院	开发商、代理商											
		项目规划平面图/鸟瞰图/效果图确定		2-1													
		项目建筑立面南/北各类型产品效果图确定		2-1													
		项目规划报批完成		2-1		开发商	代理商											
		项目施工图设计跟踪服务		2-1		建筑设计院	开发商、代理商											
		项目施工图设计完成		2-1													
		项目建筑立面部品选择跟踪服务	据工程进度而定														
		景观设计公司选择/确定	3-1	3-20	20	开发商	代理商											

开发阶段：　　　　　　　　　　　　年　　月　　日——　　年　　月　　日

总结与提升：

项目整体定位及物业发展建议部分	方案	景观设计任务书建议	3-1	3-20	20	代理商	开发商									
		景观设计跟踪服务	3-25	4-25	30	景观设计公司	开发商、代理商									
		项目景观平面图／鸟瞰图／效果图确定	3-25	4-25	30												
		项目主要节点景观效果图确定	3-25	4-25	30												
		项目景观施工图完成	3-25	4-30	35												
		项目景观实施效果跟踪服务	据工程进度而定														
		项目公共部分及室内配套建议		2-1		代理商	开发商										
		项目公共部分及室内配套跟踪服务	据工程进度而定														
		项目智能化配套建议		2-1													
		项目智能化配套跟踪服务	据工程进度而定														
	物业	项目物业公司选择／确定	4-5	4-10	5	开发商	代理商									
		项目物业服务内容及收费标准确定	4-10	4-30	20												
	工程	分期开发节奏建议	2-15	2-28	13	代理商	开发商									
		分期施工节奏确定	2-15	2-28	13	开发商	代理商									
		施工通道建议及确定路线	3-1	3-25	25												
		看房通道建议及确定路线	3-1	3-25	25												
		售楼处施工／完成	3-1	4-7	37												
		一期开工	2011-4-1			建筑公司	开发商										
示范区部分	售楼处	售楼处位置建议及确定	2-16	3-1	12	开发商	代理商									
		售楼处搭建方案建议及确定	2-16	3-1	12												
		售楼处功能布局建议	2-16	3-1	12												
		售楼处搭建施工	3-1	4-7	37												
		售楼处（硬装／软装）设计公司确定	3-1	3-10	10												
		售楼处（硬装／软装）设计方案跟踪服务	3-10	3-20	10	装修公司	开发商、代理商									
		售楼处（硬装／软装）效果图确定	3-21	4-1	10												
		售楼处硬装施工图设计／完成	4-2	4-7	5												

开发阶段：　　　　　　　　　　　　　年　月　日——　年　月　日

总结与提升：

示范区部分	售楼处	售楼处硬装施工公司选择 / 确认	3-22	4-7	15	开发商	代理商				
		售楼处硬装施工 / 交付	4-8	5-8	30						
		售楼处卫生保洁	5-9	5-10	2						
		售楼处软装采购清单完成 / 确认	4-15	4-24	10						
		售楼处软装采购 / 到货 / 布置完成	4-25	5-25	30						
		售楼处电话 / 网络 / 办公用品配置	4-25	5-25	30						
		售楼处区域 / 项目沙盘模型建议	2-25	3-10	15	代理商	开发商				
		售楼处门头制作方案建议	4-10	4-20	10						
		售楼处门头制作方案确定	4-20	4-30	10						
		售楼处门头制作安装	5-1	5-30	30	广告公司	开发商、代理商				
		售楼中心导视牌,如办公室、卫生间、户型标牌等制作公司选择确定并制作	4-11	4-20	10						
		看房通道施工完成并交付使用									
		沙盘模型公司选择 / 确定	2-25	3-10	15	开发商	代理商				
		沙盘模型制作跟踪服务	3-10	5-20	70	模型公司	开发商、代理商				
		沙盘模型完成 / 运到现场	5-20	5-30	10						
		看房车确定型号购买到位	5-20	5-30	11	开发商	代理商				
		样板间鞋套、换鞋凳选择配置到位	5-20	5-30	11						
		售楼处公开亮相	2011-6-1								
	样板间	样板间位置建议及确定	3-7	3-22	15	开发商	代理商				
		样板间(硬装 / 软装)设计公司选择 / 确定	3-23	4-23	30						
		样板间(硬装 / 软装)设计方案跟踪服务	4-24	5-24	30	装修公司	开发商、代理商				
		样板间(硬装 / 软装)效果图确定	5-25	6-13	18						
		样板间硬装施工图设计 / 完成	6-13	7-13	30						
		样板间硬装施工公司选择 / 确认	6-13	7-13	30	开发商	代理商				
		样板间硬装施工 / 交付	7-16	12-6	140						
		样板间软装采购清单完成 / 确认	6-16	7-16	30						
		样板间软装采购 / 到货 / 布置完成	8-16	12-20	124						
		样板间导视牌制作公司选择确定并制作	12-1	12-20	20						
		样板间卫生保洁完成	12-1	12-23	24						
		样板间正式开放	2011-12-24								

总结与提升：

示范区部分	园林景观	示范区景观范围建议及确定	3-7	3-22	15	开发商	代理商								
		示范区景观设计方案建议及确定	3-7	4-5	28	代理商	开发商								
		示范区景观设计公司选择 / 确定	3-23	4-23	30										
		示范区景观设计方案跟踪服务	4-24	5-24	30	景观设计公司	开发商、代理商								
		示范区景观施工图设计 / 完成	5-25	6-13	18										
		示范区景观施工公司选择 / 确认	6-13	7-13	30	开发商	代理商								
		示范区景观施工 / 交付	7-16	12-16	150	景观施工公司	开发商、代理商								
		景观标识牌制作公司选择确定并制作完成	12-1	12-16	17	广告公司									
		示范区景观实施效果跟踪服务	据工程进度实际情况而定												
		景观示范区正式开放	2011-12-24												
项目营销战略及策略	营销战略	项目营销阶段目标确定	2-15	2-28	13	代理商	开发商								
		项目竞争楼盘市场调查 / 分析	2-15	2-28	13										
		目标客户群分析	2-15	2-28	13										
		项目营销战略建议 / 确定	2-15	2-28	13										
		卖点提炼	2-15	2-28	13										
		整体开发思路、节奏及目标设定	2-15	2-28	13										
		入市时机与渠道搭建	2-15	2-28	13										
		销售前提及氛围营造	2-15	2-28	13										
	营销策略	项目营销推广主题建议 / 确定	3-1	3-10	10										
		项目营销推广调性建议 / 确定	3-1	3-10	10										
		项目营销阶段建议 / 确定	3-1	3-10	10										
		项目营销媒体整合策略	3-1	3-10	10										
		项目营销活动整合策略	3-1	3-10	10										
		项目营销战略及策略报告	2011-3-15												
营销策略实施	前提	规划 / 建筑 / 景观效果图深化制作	3-1	3-15	15	代理商	开发商								
		户型家配图深化制作	3-1	3-15	15										
	VI	案名 /logo/ 项目定位语 / 推广语	2-20	3-5	15										
		标准字体组合 / 辅助图形与应用	2-20	3-5	15										
	VI延展	名片 / 手提袋 / 制服 / 纸杯 / 信纸 / 档案袋 / 便签 / 赠品等设计	2-20	3-5	15										

开发阶段：　　　　　　　　　　　　　　　　　　年　　月　　日——　　年　　月　　日

总结与提升：

	户外	户外高炮位置建议 / 确定	2-15	2-28	13	代理商	开发商													
		工地围挡位置建议 / 确定	2-15	2-28	13															
		户外高炮设计 / 确定 / 实施	3-1	4-1	30															
		工地围挡设计 / 确定 / 实施	3-1	4-1	30															
		售楼处地标位置建议 / 确定	3-11	4-10	30	开发商	代理商													
		售楼处地标设计 / 确定 / 实施	4-11	5-20	40	代理商	开发商													
		道旗位置建议 / 确定	2-15	2-28	13															
		道旗设计 / 确定 / 实施	据户外档期而定																	
营销策略实施	宣传物料	项目宣传物料建议 / 确定	3-1	3-15	15	代理商	开发商													
		项目宣传物料印刷公司选择 / 确定	3-15	3-30	15	开发商	代理商													
		项目画册筹划	据项目进展实际情况制作			代理商	开发商													
		项目单页 / 折页设计 / 确定	4-1	4-20	20															
		项目单页 / 折页印刷	4-21	5-20	30	开发商	代理商													
		项目户型单页设计 / 确定	4-1	4-20	20	代理商	开发商													
		项目户型单页印刷	4-21	5-20	30	开发商	代理商													
		多媒体宣传片交付	4-1	5-20	50	代理商	开发商													
		项目谈客手册设计 / 确定	4-1	4-20	20	代理商	开发商													
		项目谈客手册印刷	4-21	5-20	30	开发商	代理商													
	广告表现	报纸杂志广告确定并完成签约	据项目进展实际情况制作			代理商	开发商													
		按媒体排期设计平面广告完成 / 确定																		
		广告宣传网站确定并完成签约																		
		媒体所需文字资料完成 / 确定																		
		派单公司确定并完成签约																		
		物料印刷公司确定并完成签约																		
	活动策略	项目营销活动建议 / 确定	5-10	5-30	20															
		项目营销活动公司选择 / 确定	5-10	5-30	20	开发商	代理商													
		售楼处开放方案确定	5-15	5-25	10	代理商	开发商													
		项目认筹方案确定	5-20	5-30	10															
		开盘活动方案建议确定	8-20	9-15	25	代理商	开发商													
		开盘活动方案实施	2011-10-1			开发商	代理商													
		项目营销活动安排实施	据销售进展而定																		

总结与提升：

营销策略实施	前期物业	前期物业服务公司确定并完成签约	4-1	4-5	5													
		前期物业服务标准确定	4-5	4-15	10													
		前期物业服务岗位及人员数量确定/服装确定	4-10	4-15	5													
		前期物业服务人员岗位培训完成并进行岗前考核	4-15	4-25	10													
		保安遮阳伞选择购买、保安迎客雨伞定制单位选择、设计制作完成并配置到位	4-10	5-10	30													
		售楼处正式开放																
项目销售现场管理	销售流程	销售接待流程确定/培训/对练/考核	3-5	3-15	10													
		认筹流程确定/培训/对练/考核	3-15	3-20	5													
		开盘及签约流程、退换户、按揭、存档等流程确定/培训/对练/考核	3-15	3-25	10													
		销售流程完善确定																
	前期接待	销售日报/周报/月报系统建议/确定	3-15	3-25	10	代理商	开发商											
		销售例会制及分析体系确定	3-15	3-25	10	开发商	代理商											
		项目竞争楼盘市场调查/分析	3-20	3-30	10	代理商	开发商											
		前期接待处位置选择/确定	3-15	3-25	10	开发商	代理商											
		前期接待中心办公用品配备完成	3-25	3-30	5													
		前期接待人员确定	3-15	3-20	5													
		前期接待说辞建议/确定	3-15	3-25	10	代理商	开发商											
		前期接待销售手册建议/确定	3-15	3-30	15													
		项目亮相（来电接听）	2011-4-1															
	销售资料	甲方提供项目规划建筑方案	2-25	3-1	5	开发商	代理商											
		甲方提供确定的户型图	2-25	3-1	5													
		项目销售百问建议/确定	3-15	3-30	15													
		其他销售问题汇总/确定	据销售实际情况而定															
		销售流程建议/确定	4-20	5-10	20	代理商	开发商											
		销售说辞建议/确定	4-20	5-10	20													
	销售培训	售楼处人员确定/组建架构	5-1	5-10	10													
		售楼处案场管理制度	5-1	5-10	10													
		售楼处项目销售手册	5-10	5-30	20													

总结与提升：

项目销售现场管理	销售培训	售楼处人员驻场	5-10			代理商	开发商													
		售楼处人员专业知识培训/对练	5-10	5-15	5															
		售楼处人员项目知识培训/对练	5-15	5-20	5															
		售楼处接待流程培训/对练/考核	5-21	5-30	10															
	内部认筹	甲方签约/收款等相关人员确定	7-1	7-10	10	开发商	代理商													
		认筹方案建议/确定	6-25	7-10	15	代理商	开发商													
		认筹流程建议/确定	6-25	7-10	15															
		认筹协议建议/确定	6-25	7-10	15															
		认筹流程培训/对练/考核	7-10	7-30	20															
		内部认筹	2011-8-1																	
	公开认筹	一期认筹方案确定	6-25	7-25	30															
		认筹流程确定	6-25	7-25	30															
		认筹协议确定	6-25	7-25	30															
		项目预售证办理完毕	6-25	7-25	30															
		公开认筹																		
	项目定价	项目定价策略建议/确定	8-20	8-30	10	代理商	开发商													
		项目房源底价均价表建议/确定	9-1	9-10	10															
		项目房源销售价格表建议/确定	9-1	9-10	10															
		项目付款及优惠政策建议/确定	9-1	9-10	10															
		项目价格表调整	据市场、销售情况实时调整																	
	开盘前资料准备	甲方提供确定的可售房源及测绘面积	9-11	9-20	10	开发商	代理商													
		甲方网签合同/收款等相关人员确定	9-1	9-10	10															
		网签合同样本建议/确定	9-1	9-10	10															
		贷款银行/条件/手续资料提供培训	8-20	9-5	15															
		公积金贷款条件/手续资料提供培训	8-20	9-5	15															
		各项收费确定	9-1	9-10	10															
		销售流程建议/确定	9-1	9-10	10	代理商	开发商													
		销售流程培训/对练/考核	9-11	9-25	15															
		贷款流程建议/确定	9-1	9-10	10															
		贷款流程培训/对练/考核	9-11	9-25	15															
	开盘	一期正式开盘	2011-10-1																	

总结与提升：

4.2 策划部全程策划营销工作评价表体系

考核内容	考核项目	考核比例	考核评分	备注
市场调查	市场调查团队的参与角色			
	市场调查的自评、互评、组评			
《项目整体定位及物业发展建议》方案撰写	方案撰写团队的参与角色			
	方案撰写的自评、互评、组评			
《项目整体定位及物业发展建议》方案提报及调整	方案提报的参与角色			
	方案提报的自评、互评、组评			
	方案调整的参与角色			
	方案调整的自评、互评、组评			
《项目规划及建筑设计建议任务书》方案撰写	方案撰写团队的参与角色			
	方案撰写的自评、互评、组评			
《项目规划及建筑设计建议任务书》方案提报及调整	方案提报的参与角色			
	方案提报的自评、互评、组评			
	方案调整的参与角色			
	方案调整的自评、互评、组评			
《项目规划及建筑设计建议任务书》跟踪实施	跟踪团队的参与角色			
	跟踪实施的自评、互评、组评			
《项目经济测算》方案撰写、提报及调整	方案撰写团队的参与角色			
	方案撰写的自评、互评、组评			
	方案提报的参与角色			
	方案提报的自评、互评、组评			
	方案调整的参与角色			
	方案调整的自评、互评、组评			
《项目营销战略及策略》方案撰写	方案撰写团队的参与角色			
	方案撰写的自评、互评、组评			
《项目营销战略及策略》方案提报及调整	方案提报的参与角色			
	方案提报的自评、互评、组评			
	方案调整的参与角色			
	方案调整的自评、互评、组评			
《项目营销战略及策略》跟踪实施	跟踪团队的参与角色			
	跟踪实施的自评、互评、组评			

总结与提升：

第五部分　市调及方案撰写标准化

5.1　市场调研工作的基本观点及其工作内容

01　关于市场调研的几个基本观点

◆ 以事实为基础，"事实是友善的"（麦肯锡）
◆ 海量的信息 VS 有限的市调时间→以假设为导向
◆ 定性与定量的组合
◆ 不同工作模块有不同的市调内容
◆ 客户的疑问：市调时间这么短，市调质量有保证么？

02　市调工作内容及方法

◆ 地块查勘
　　★ 项目位置——城市位置图、区域位置图
　　　调研方法：开发商介绍、现有地块资料
　　★ 项目四至
　　　调研方法：红线图、现场查勘
　　★ 项目内部环境——建筑物、地形、水体、植物、空气质量、噪声、其他（如文物古迹等）
　　　调研方法：文字资料、现场查勘、访谈（开发商或政府部门）
　　★ 项目周边环境——建筑物、道路交通、景观资源、公共设施（广场、公园、商场、学校、政府机关、变电站、垃圾站等）、企业、人口等
　　　调研方法：文字资料、现场查勘、访谈（开发商或政府部门）
◆ 城市（区域）经济背景
　　★ 经济发展规模、趋势、速度——历年 GDP、人均 GDP
　　★ 经济结构——产业结构和主导产业
　　★ 固定资产投资
　　★ 外商投资情况
　　★ 居民收入水平、消费结构和消费水平——人均可支配收入、人均消费支出及其构成、主流消费群体
　　★ 城市中心化程度——与周边城市的相对关系
　　★ 调研方法：查阅统计年鉴、访谈（统计局及相关部门）
◆ 城市（区域）规划
　　★ 城市总体规划——了解城市格局、发展方向，重点了解项目所在区域在城市中所承担的功能、相对地位、发展前景、与其他区域的竞争关系
　　★ 区域规划——政府对本区域的规划设想及建设计划，重点了解项目周边的规划情况，主要包括：道路交通、公共设施、产业布局等
　　★ 重大建设项目——对区域的发展有重要影响（事实上的、心理上的）
　　★ 调研方法：收集规划文本、图集，访谈规划局，五年计划

开发阶段：　　　　　　　　　　　年　月　日——　年　月　日

总结与提升：

◆ 房地产市场（市场三要素：需求、供给、价格）
　　★ 房地产市场宏观数据：分区数据、分物业类型、分价格区间
　　★ 新盘项目整体情况：施工面积、新开工面积、竣工面积、销售面积、空置面积
　　★ 二手房交易数据
　　　　市调方法：查阅（房地产）统计年鉴、房管局（房地产交易中心）网站、当地房地产报刊杂志、访谈房管局或房地产协会等部门
　　★ 房地产总体格局（片区划分）
　　★ 各片区典型楼盘
　　★ 项目所在区域楼盘
　　★ 竞争楼盘
　　　　市调方法：实地调查、收集网上资料、访谈专业人士
◆ 楼盘调查内容
　　★ 基本信息——占地面积、建筑面积、容积率、配套设施（商业、会所、幼儿园、学校）、开发分期等
　　★ 规划设计——总体布局、物业类型、户型配比、总户数、车位数、景观、创新点等
　　★ 销售情况——认筹时间、开盘时间、销售价格（对应交楼标准）、销售速度、销售率、客户群、主要卖点、劣势。快销品、滞销品销售状况，明星产品、现金牛产品、瘦狗产品、婴儿产品的情况
　　★ 营销推广——售楼处、样板房、现场展示、营销渠道、促销措施
　　　　市调方法：实地调研、收集楼书（报纸广告）、访谈销售代表
◆ 消费者调研
　　★ 了解消费者的需求特征（购房目的，关注因素：地段、物业类型、户型、面积、配套设施、园林景观、价格等，生活方式 AIO 等）
　　★ 了解消费行为（购买行为、消费观念、习惯、态度等）
　　★ 了解消费者对本项目（区域）的看法
　　　　市调方法：问卷调查、深度访谈

5.2　市调前期准备

01　工作计划表

◆ 制定工作计划表，需合作方人员协助的给合作方联系人发函确认。

02　相关资料查询

◆ 市调项目的相关资料通过网上查询等方式进行初步了解。
◆ 通过初步了解的情况组织访谈提纲、客户问卷、工作计划表。

03　完成访谈提纲

◆ 访谈对象包括政府相关部门、开发商相关部门、同行、意向客户群等。
◆ 政府相关部门：房产局访谈提纲、规划局访谈提纲、统计局访谈提纲。

总结与提升：

★ 房产局访谈提纲问题举例
  ● 本城市房地产市场近三年供应量情况？
  ● 过往三年本城市固定资产投资及房地产投资情况？
  ● 过往三年本城市商品房施工及竣工面积情况？
  ● 过往三年本城市商品房销售面积及价格走势情况？
  ● 到目前为止，商品房存量情况？
  ● 本城市房地产税收政策、房地产金融政策？
  ● 本城市房地产市场格局分布情况（价格或城市分区）？
  ● 目前本城市住宅市场客户构成来源及客户购买因素（包括客户群来源、置业特点、置业能力等）？
  ● 本城市现有典型住宅项目有哪些？这些项目都有什么样的特点（如规划、景观、建筑风格、建筑形态等）？
  ● 本城市即将上市销售的重点住宅项目有哪些？都在什么位置？这些项目相关数据（土地面积、容积率、绿化率、土地成交价格、开发商）？
  ● 领导能否把城市近三年的政府工作报告给我们提供一份？

★ 规划局访谈提纲问题举例
  ● 您对本城市近几年的总体城市发展规划，以及能提供的相关政府材料有哪些？
  ● 项目所在区域的规划重点是什么？有哪些重点规划项目和设施？
  ● 请领导重点介绍本区域及竞争区域的现状和未来发展战略？
  ● 本城市目前开发的项目，有哪些给您留下了较为深刻的印象？这些项目都有什么样的特点（如规划、景观、建筑风格、建筑形态等）？
  ● 本城市今明两年即将开工建设的重点住宅项目有哪些？都在什么位置？这些项目相关数据（土地面积、容积率、绿化率、土地成交价格、开发商）？
  ● 本城市近年（前后三年）土地供应、成交概况？
  ● 领导能否把城市近三年的政府工作报告给我们提供一份？

◆ 开发商相关部门：董事长访谈提纲、执行总经理访谈提纲、财务部访谈提纲、工程部访谈提纲、人事行政部访谈提纲、营销部访谈提纲、园林部访谈提纲。

  注：请参照"第二部分 目标确定的标准化"中"2.2 房地产目标确定标准化"相关内容。

◆ 同行：同行访谈提纲
  ★ 同行访谈提纲问题举例
    ● 你们项目是什么时间入市的？
    ● 你们项目土地成本情况？
    ● 你们项目价格走势情况？
    ● 你们项目优惠政策情况？
    ● 你们项目销售情况和销售率？
    ● 你们公司有什么后续项目？项目情况？
    ● 您认为本年度及过往年度销售情况较好的项目有哪些？它们的成功点有哪些？它们的销售情况、销售率、价格走势情况？
    ● 本区域项目的主要客户群有哪些？
    ● 本区域的项目有哪些？它们的成功点有哪些？它们的销售情况、销售率、价

总结与提升：

格走势情况?
- 您认为本区域项目的客户群有哪几类(如年龄、收入、工作、区域、置业目的等)?
- 您认为本区域项目的目标客户群较为关注房地产的哪些方面(如质量、价格、物业服务、市政配套、学区、交通等)?
- 你们项目的物业费是多少? 您认为本区域项目的物业费能接受的范围是多少? 您认为哪个项目的物业服务水平最好?
- 你们项目有没有进行过认筹,情况如何? 您认为本区域项目的认筹应怎样进行?
- 你们项目的折扣情况?
- 你们项目的营销活动有哪些?
- 你们项目客户贷款和一次性支付的比例是多少? 贷款办理情况?
- 本区域项目在什么情况下能取得预售许可证?
- 本区域推广渠道、推广媒体有哪些? 您认为哪些媒体效果较好?
- 您认为销售派单的效果如何?
- 您认为本区域客户群在规划、户型方面(2室、3室;单、双卫;南、北客厅)有什么样的偏好?
- 您认为本区域客户群在建筑形态、建筑风格、园林景观方面有什么样的偏好?
- 您认为样板间和示范区的展示作用大不大,哪个楼盘做得较好?
- 您认为小区班车、看房车的作用如何?
- 您认为本区域车位比和车位价格最好是多少? 你们项目车位的销售状况如何?
- 是否有楼盘在前期引入品牌商业配套服务?
- 你们项目案场架构如何? 各岗位的薪资、佣金水平情况?

◆ 意向客户群:意向客户群访谈提纲。

04 选择、修改合适的市调问卷、市调表格

- ◆ 根据调研项目的实际情况选择、修改合适的市调问卷、市调表格。
- ◆ 客户调研表格:目标客户群问卷、客户构成调研、成交客户需求调研、房展会住宅需求问卷。

  ★ 住宅楼盘调研表格:住宅楼盘调研表、住宅楼盘配套及智能化调研表

住宅楼盘调研表

调研日期:　　　　　调研人员:

项目名称		项目地址	
开发商		规划设计	
景观设计		建筑施工	
物业管理		营销代理	
空间设计		广告推广	
销售电话			

总结与提升：

建筑配套调研	总占地面积		总建筑面积		
	容积率		绿化率		
	规划特点		规划组团分布		
	分期开发说明				
	本期开工时间		竣工时间		工程进度
	本期开盘日期		交房日期		本期总套数
	本期规划特点		本期规划组团分布		
	本期楼座情况	栋层多层、栋层小高层、栋层高层			
	本期立面风格		本期景观风格		
	本期景观布局		本期交通组织		
	是否架空		入户大堂	车位比	
	建筑结构		建筑布局	一梯几户，建筑类型	
	电梯品牌		同层排水		
	太阳能		换新风设备		
	幕墙、门、窗		外墙保温		
	中央除尘		中央空调		
	采暖		装修标准		
	其他补充说明				
智能化配套	视频监控				
	一卡通				
	电子巡更				
	对讲				
	家居布线	通信、宽带、有线电视等			
	背景音乐				
物业服务	收费标准				
	服务内容				

户型调研	户型面积	户型布局	所在楼座	占总体比例	销售率
	热销户型		滞销户型		
	广告推介户型		现场推介户型		
	主力户型评价				

本期价格策略	销售均价	最高价	起价	折扣幅度	价差说明（层差、朝向差、位置差）
	优惠策略				
	其他建筑价格				
	付款方式说明				
	分期价格策略				

开发阶段： 年 月 日—— 年 月 日

总结与提升：

展示区域调研	工地包装				
	样板房评价				
	景观示范评价				
	销售现场包装				
	现场销售人员评价			现场人气		
				现场成交量		
项目功能配套调研	会所功能介绍				
	幼儿园介绍				
	商业配套介绍				
	其他配套		是否有班车		
周边市政配套调研	交通情况				
	购物情况				
	教育情况				
	医疗情况				
	娱乐餐饮				
	住宿、健身				
	金融、通信				
	邮局、书店				
广告推广调研	卖点列举				
	主题广告语			项目定位语		
	广告物料				
	主力媒体			推出频次		
	活动情况				
	其他介绍				
	广告评价				
开发商情况调研	开发业绩				
	品牌形象				
	客户口碑				
	发展潜力				
项目SWOT分析	优势分析				
	劣势分析				
	机会分析				
	威胁分析				
	综合评价				

开发阶段：　　　　　　　　　　　　年　月　日——　年　月　日

总结与提升：

住宅楼盘配套及智能化调研表

调研日期：　　　　　　　　调研人员：

项目基本信息	项目名称		开发商		
	规划设计		空间设计		
	物业管理		销售电话		
建筑配套	采暖方式		太阳能		
	物业收费标准		物业服务内容		
	装修标准		幕墙、门、窗		
	外墙材质		外墙保温		
	是否架空		电梯品牌		
	入户大堂		楼梯间		
	消防通道		同层排水系统		
	新风系统		中央除尘系统		
	中央空调系统		电话、电视、宽带入户		
	家居布线				
	其他				
智能化配套	视频监控系统		一卡通（门禁）系统		
	电子巡更系统		周界红外系统		
	广播及背景音乐系统		停车场管理系统		
	电梯刷卡系统		可视对讲（门禁）系统		
	楼宇灯光感应系统		烟感报警系统		
	燃气报警系统		紧急呼叫系统		
	远程家庭控制系统				
	其他				

★ 写字楼调研表格：写字楼目标客户调研表、写字楼市场调研表

写字楼市场调研表

调研日期：　　　　　　　　调研人员：

基本信息	项目名称		项目位置		开发商		
	规划设计		景观设计		空间设计		
	建筑施工		广告推广		物业管理		
	投资商				物业顾问		
	营销代理		销售中心位置		销售中心电话		
	招商代理		招商中心位置		招商中心电话		

总结与提升：

<table>
<tr><td rowspan="12">整体规划</td><td>占地面积</td><td></td><td colspan="2">建筑面积</td><td></td><td colspan="2">容积率</td><td></td><td>建筑密度</td><td></td></tr>
<tr><td>绿化率</td><td></td><td colspan="2">建筑栋数</td><td></td><td colspan="2">建筑公摊</td><td></td><td>建筑结构</td><td></td></tr>
<tr><td>地上建筑面积</td><td></td><td colspan="2">地上建筑层数</td><td></td><td colspan="2">地上建筑层高</td><td></td><td>产品类型</td><td></td></tr>
<tr><td>地下建筑面积</td><td></td><td colspan="2">地下建筑层数</td><td></td><td colspan="2">地下建筑层高</td><td></td><td>物业等级</td><td></td></tr>
<tr><td>裙楼建筑面积</td><td></td><td colspan="2">裙楼建筑层数</td><td></td><td colspan="2">裙楼建筑层高</td><td></td><td>土地年限</td><td></td></tr>
<tr><td>开工时间</td><td></td><td colspan="2">竣工时间</td><td></td><td colspan="2">目前工程进度</td><td></td><td>开盘时间</td><td></td></tr>
<tr><td>交房时间</td><td></td><td colspan="2">销售周期</td><td></td><td colspan="2">项目定位</td><td colspan="3"></td></tr>
<tr><td>交通组织</td><td colspan="4"></td><td colspan="2">夜景灯光效果</td><td colspan="3"></td></tr>
<tr><td>景观规划</td><td colspan="4"></td><td colspan="2">景观组织</td><td colspan="3">广场精神堡垒：
裙楼：
景观小品：</td></tr>
<tr><td>规划特点</td><td colspan="9"></td></tr>
<tr><td rowspan="32">建筑产品</td><td rowspan="4">外立面</td><td>立面风格</td><td colspan="3"></td><td colspan="2">空调外置、内置</td><td colspan="2"></td></tr>
<tr><td>底层材质</td><td colspan="3"></td><td colspan="2">底层特殊处理</td><td colspan="2"></td></tr>
<tr><td>中间层材质</td><td colspan="3"></td><td colspan="2">中间层特殊处理</td><td colspan="2"></td></tr>
<tr><td>顶层材质</td><td colspan="3"></td><td colspan="2">顶层特殊处理</td><td colspan="2"></td></tr>
<tr><td rowspan="4">大堂</td><td>大堂面积</td><td></td><td colspan="2">挑空层数</td><td></td><td colspan="2">挑空面积</td><td></td></tr>
<tr><td>景观区描述</td><td></td><td colspan="2">休息区描述</td><td colspan="2"></td><td colspan="2"></td></tr>
<tr><td>装修描述</td><td colspan="7"></td></tr>
<tr><td>商务配套</td><td colspan="7"></td></tr>
<tr><td rowspan="6">电梯</td><td>电梯品牌</td><td></td><td colspan="2">电梯速度</td><td></td><td colspan="2">电梯载客人数</td><td></td></tr>
<tr><td>客梯数量</td><td></td><td colspan="2">建筑面积／数量</td><td></td><td colspan="2">人数／数量</td><td></td></tr>
<tr><td>贵宾电梯数量</td><td></td><td colspan="2">建筑面积／数量</td><td></td><td colspan="2">人数／数量</td><td></td></tr>
<tr><td>观光电梯数量</td><td></td><td colspan="2">建筑面积／数量</td><td></td><td colspan="2">人数／数量</td><td></td></tr>
<tr><td>货梯数量</td><td></td><td colspan="2">扶梯数量</td><td></td><td colspan="2">扶梯服务楼层</td><td></td></tr>
<tr><td>评价</td><td colspan="7"></td></tr>
<tr><td rowspan="2">电梯间、走廊</td><td>隔断方式</td><td></td><td colspan="2">净宽度</td><td></td><td colspan="2">净高度</td><td></td></tr>
<tr><td>装修描述</td><td colspan="3">电梯间</td><td colspan="4">走廊</td></tr>
<tr><td rowspan="5">公共洗手间</td><td>分布楼层</td><td></td><td colspan="2">单层面积</td><td></td><td colspan="2">前厅是否分区</td><td></td></tr>
<tr><td>配备物品</td><td colspan="7">□卫生纸□洗手液□干手器□化妆镜□液晶电视□盆景□其他_____</td></tr>
<tr><td>洁具品牌</td><td colspan="7"></td></tr>
<tr><td>装修描述</td><td colspan="7">是否有残疾人专用位</td></tr>
<tr><td rowspan="3">户内</td><td>交房标准</td><td colspan="3"></td><td colspan="2">装修标准</td><td colspan="2"></td></tr>
<tr><td>门</td><td colspan="3"></td><td colspan="2">窗</td><td colspan="2"></td></tr>
<tr><td>卫生间</td><td colspan="3"></td><td colspan="2">厨房</td><td colspan="2"></td></tr>
</table>

总结与提升：

	中央空调	品牌		计量方式		使用时间	
项目配套		评价					
	采暖	采暖方式		☐地暖☐暖气片☐空调☐其他_____			
		采暖评价					
	水电气	供水方式		供电方式		燃气	
	停车管理	总车位数		百平方米车位比			
		地上车位数量		地上车位位置			
		地上车位售价		地上车位租价		临时停车收费	
		地上地面处理		地上灯光设施			
		地上引导设施					
		地下车位数量		地下停车楼层			
		地下车位售价		地下车位租价		临时停车收费	
		地下地面处理		地下灯光设施			
		地下引导设施		地下装修状况			
		立体车位数量		立体停车位置			
		立体车位售价		立体车位租价		临时停车收费	
		车库管理方式					
		车位使用情况					
	员工餐厅	分布楼层		面积		座位数	
		供餐类型		装修描述			
		评价					
	商务餐厅	分布楼层		面积		座位数	
		供餐类型		装修描述			
		评价					
	会所	分布楼层		面积		装修描述	
		免费服务内容		收费服务内容			
		评价					
	商业服务	商务中心面积			商务中心楼层		
		商务中心服务内容	☐复印☐传真☐订票☐订车☐租车☐快递☐其他_____				
		商务会议室面积			商务会议室楼层		
		银行				所在楼层	
		餐厅				所在楼层	
		超市				所在楼层	
		咖啡厅				所在楼层	
		通信				所在楼层	
		班车运营时间				班车数量	
		其他服务					
	智能化	视频监控			一卡通		
		背景音乐			对讲、广播		
		网络		兆	电话		
		其他	楼宇智能控制、室内自动抄表、消防灭火、可燃气体报警、中央新风、中央除尘				

总结与提升：

物业管理	物业用房位置		保洁人员用房位置		前台接待人数		
	保安、保洁人数		泊车引导员人数		卫生间保洁人数		
	服务内容			物业管理费标准			
	水费		电费		空调费		
	暖气费		网络费		电梯费		
	评价						

户型分析	户型面积		户型布局		所在位置		比例	销售率
	标准层建筑面积		标准层户数		户型种类			
	户型面积			主力户型面积				
	热销户型评价			滞销户型评价				

价格分析	产品类型	类型	均价		起价		最高价	
			均价		起价		最高价	
			均价		起价		最高价	
			均价		起价		最高价	
	历史销售价格	二手房价						
		优惠政策			付款方式			
		楼层价差		朝向价差		景观价差		户型价差
		裙楼价格		商业房价格			附属用房价格	
		价格策略			优惠策略			
	租赁	参考价1	元/m²	参考价2		元/m²	参考价3	元/m²
		租赁期限			付款方式			
		裙楼价格		商业房价格			附属用房价格	

现场展示	销售中心评价		销售人员评价	
	销售现场人气评价		工地包装评价	
	样板间示范评价		景观示范评价	

总结与提升：

周边环境	交通	公交		地铁	
		高速		火车站	
		轮渡		机场	
		评价			
	配套设施	金融		通信	
		邮政		宾馆	
		餐饮		购物	
		娱乐		健身	
		医疗		教育	
		评价			
运营分析	入住行业				
	入驻率	大公司数量		大公司名称	
	评价				
广告推广	卖点列举				
	项目定位语			广告推广语	
	宣传物料				
	主力媒体			推广频率	
	广告评价				
	活动情况				
	活动评价				
开发商	开发业绩			品牌形象	
	市场口碑			发展潜力	
项目分析	优势分析				
	劣势分析				
	机会分析				
	威胁分析				
	综合分析				

总结与提升：

★ 商业调研表格：商场调研表、社区商业调研表、专业市场调研表

商业市场调研表（商场类）

调研日期：　　　　　　　　调研人员：

<table>
<tr><td rowspan="9">基本信息</td><td>商场名称</td><td></td><td>商场位置</td><td></td><td>产权年限</td><td></td></tr>
<tr><td>现经营年限</td><td></td><td>开发商</td><td></td><td>投资商</td><td></td></tr>
<tr><td>规划设计</td><td></td><td>广告设计单位</td><td></td><td>物业管理公司</td><td></td></tr>
<tr><td>营销代理</td><td></td><td>销售中心位置</td><td></td><td>销售中心电话</td><td></td></tr>
<tr><td>招商代理</td><td></td><td>招商中心位置</td><td></td><td>招商中心电话</td><td></td></tr>
<tr><td>现状描述</td><td></td><td colspan="2">所有权性质</td><td></td><td></td></tr>
<tr><td>经营管理公司</td><td></td><td colspan="2">所属商圈</td><td></td><td></td></tr>
</table>

<table>
<tr><td rowspan="18">整体规划</td><td>占地面积</td><td></td><td>建筑面积</td><td></td><td>容积率</td><td></td><td>建筑层数</td><td></td></tr>
<tr><td>绿化率</td><td></td><td>建筑栋数</td><td></td><td>建筑公摊</td><td></td><td>建筑高度</td><td></td></tr>
<tr><td>地上建筑面积</td><td></td><td>地上建筑层数</td><td></td><td>地下建筑面积</td><td></td><td>地下建筑层数</td><td></td></tr>
<tr><td>开工时间</td><td></td><td>竣工时间</td><td></td><td>目前工程进度</td><td></td><td>开盘时间</td><td></td></tr>
<tr><td>开业时间</td><td></td><td>销售周期</td><td></td><td>首层建筑层高</td><td></td><td>标准层高</td><td></td></tr>
<tr><td>交通组织</td><td></td><td colspan="2">夜景灯光效果</td><td></td><td></td><td></td></tr>
<tr><td>建筑风格</td><td></td><td colspan="2">景观组织</td><td></td><td>广场精神堡垒：
景观小品：</td><td></td></tr>
<tr><td>商场上盖形式</td><td></td><td colspan="2">商业定位</td><td></td><td></td><td></td></tr>
<tr><td>分层面积</td><td>1F:</td><td>2F:</td><td></td><td>3F:</td><td>4F:</td><td>5F:</td><td></td></tr>
<tr><td>总铺位数量</td><td></td><td colspan="2">铺位进深</td><td></td><td></td><td></td></tr>
<tr><td>铺位开间</td><td></td><td colspan="2">铺位间隔</td><td></td><td></td><td></td></tr>
<tr><td>人流组织</td><td colspan="7"></td></tr>
<tr><td>物流组织</td><td colspan="7"></td></tr>
</table>

<table>
<tr><td rowspan="20">建筑产品</td><td rowspan="3">外立面</td><td>立面风格</td><td></td><td>立面材质/颜色</td><td></td></tr>
<tr><td>广告位位置</td><td></td><td>广告位数量</td><td></td></tr>
<tr><td>广告位形式</td><td></td><td>收费标准</td><td></td></tr>
<tr><td>广场设置布局</td><td colspan="3"></td></tr>
<tr><td rowspan="4">入口</td><td>主入口朝向</td><td></td><td>主入口风格</td><td></td></tr>
<tr><td>入口数量</td><td></td><td>入口分布</td><td></td></tr>
<tr><td>橱窗数量</td><td></td><td>橱窗内容</td><td></td></tr>
<tr><td>特色装饰</td><td colspan="3"></td></tr>
<tr><td rowspan="2">门厅</td><td>面积</td><td colspan="3"></td></tr>
<tr><td>特色</td><td colspan="3"></td></tr>
<tr><td rowspan="2">中厅</td><td>数量</td><td></td><td>风格及主题</td><td></td></tr>
<tr><td>面积</td><td></td><td>周边铺位布局</td><td></td></tr>
<tr><td rowspan="5">内部装修</td><td>类别</td><td>颜色</td><td>材料</td><td>特色装饰</td></tr>
<tr><td>天花</td><td></td><td></td><td></td></tr>
<tr><td>墙面</td><td></td><td></td><td></td></tr>
<tr><td>地面</td><td></td><td></td><td></td></tr>
<tr><td>灯饰</td><td></td><td></td><td></td></tr>
<tr><td>休闲设施设置</td><td colspan="3"></td></tr>
</table>

总结与提升：

		类别	数量	品牌	型号	分布情况
配套	电梯	手扶电梯				
		客梯				
		货梯				
		观光电梯				
	ATM	位置			数量	
		ATM 银行				
	服务台	位置				
		服务内容				
	收银台概况					
	停车	总车位数		百平方米车位比		
		地上车位数量		临时停车收费		
		地上引导设施		地下停车楼层		
		地下车位数量		地下车位租价		临时停车收费
		地下地面处理			地下灯光设施	
		地下引导设施			地下装修状况	
	餐厅	分布楼层		面积		座位数
		供餐类型			装修描述	
		评价				
	商务服务	银行				所在楼层
		商务餐饮				所在楼层
		咖啡厅				所在楼层
		班车运营时间				班车数量
		其他服务				
	洗手间	楼层数量		面积		
		分布情况		洁具品牌		
		配套物品				
	指示牌	形式			是否明显	
	智能化	视频监控			电话	
		背景音乐			对讲、广播	
		网络	兆		其他	

总结与提升：

销售部分	铺面划分								
	销售均价					销售起价			
	销售最高价					销售折扣			
	销售率					招商率			
	销售价格	1F:		2F:	3F:		4F:		5F:
	租赁价格	1F:		2F:	3F:		4F:		5F:
	租售比例					管理费用			
	租售政策								
	购铺目的		投资				自营		
	区域来源		本地				外地		
	职业特征								
	销售中心评价					销售人员评价			
	销售现场人气评价					工地包装评价			
经营部分	经营方式								
	主力品牌								
	经营品种	地下一层							
		1F							
		2F							
		3F							
		4F							
		5F							
	入住状况					空置率			
	日客流量					日车流量			
	车位停车率					车位未来规划			
	业态面积比								
	招商类型					招商团队			
	经营类型					会员卡形式			
	返租额度					返租年限			
	自营比例								
周边环境	交通	公交				地铁			
		高速				火车站			
		轮渡				机场			
		评价							
	配套设施	金融				通信			
		邮政				宾馆			
		餐饮				购物			
		娱乐				健身			
		医疗				教育			
		评价							

总结与提升：

广告推广	卖点列举			
	项目定位语		广告推广语	
	宣传物料			
	主力媒体		推广频率	
	广告评价			
	活动情况			
	活动评价			
开发商	开发业绩		品牌形象	
	市场口碑		发展潜力	
项目分析	优势分析			
	劣势分析			
	机会分析			
	威胁分析			
	综合分析			

购铺案例：

铺号	位置	面积	销售单价	总价	月供	月租金

05　通信录

　　◆ 制定市调人员及合作方联系人员通信录。

06　出差备忘录

　　◆ 打印、核对出差备忘录，出发之前再次核对，以免丢漏项。

07　出发前动员、培训

　　◆ 出发前进行动员、市调标准化培训、工作时间表培训。

5.3　市调过程中注意事项

01　市调过程中注意事项

　　◆ 调研之前先跟合作方沟通，告知调研的时间、方向，向其初步了解项目情况，请其提出关于调研的建议。

开发阶段：   年   月   日——   年   月   日

总结与提升：

◆ 调研过程中，分工明确、责任明确，每人都有调研侧重点。

◆ 根据调研实际进展情况对工作计划表进行修改。

◆ 调研过程中，随着对项目的认识，继续修改、完善问卷。

◆ 调研过程中，每日工作计划及完成情况定时向领导汇报。

02 每日调研情况基本评价标准

◆ 是否对类似竞争楼盘的卖点、规划指标、户型特点、销售率及购买者特征掌握清楚？

◆ 对区域内规划及政府投资计划是否清楚？

◆ 对当地消费者能产生共认价值的点是否清楚？

03 跑盘小技巧

◆ 形象好——树立良好的第一印象：男士着职业装、整洁；女士化妆、清爽、整洁。

◆ 有信心——取得对方信任的最关键因素。

◆ 着装（身份显示）——男士别拎公文包；女士别拎纸袋。

◆ 二不、二忌——二不：不要太专业、不要留假电话；二忌：忌贬低别人楼盘、忌同性接触。

◆ 先打电话后上门——进售楼处之前打电话咨询，告之要上门。

◆ 表现沉着机智——不要"眼观六路"，进入售楼处后销售代表会自己跟上来，不要多问，要看准时机再询问。

◆ 自己制造机会——可以事先将自己的手机调到振动，再按响铃声，装作买房的自言自语，引起销售代表注意。

◆ 时间选择——跑住宅的时候，最好选择周六、周日上午10：30—11：00或下午3：00—5：00，因为这个时候去的更可能是诚意客户，并且此时也是销售代表最忙的时候，他不会太仔细分辨你是否是跑盘的。

5.4 市调结束工作

01 市调结论分析、汇总

◆ 对市调的结论进行总结、分析，做出详细的分析图、市调总结。

◆ 分析对象：项目地块分析、城市经济分析、规划分析、房地产市场分析、竞争分析、目标客户分析。

02 方案撰写

◆ 方案撰写
模板"第六部分 项目定位标准化"中"04 项目定位报告及产品建议书内容要点"

◆ 方案完成后参照方案撰写评价体系进行自评与互评
★ 策划部《项目整体定位及发展建议》方案撰写自评表（100分评分制）

总结与提升：

考核内容	考核项目	考核比例	考核评分	备注
态度指标	一定要做好的态度	10%		
	开放的心态接受建议	10%		
努力指标	方案撰写的按时完成性	5%		
	方案撰写的逻辑清晰性	5%		
	方案文字的精炼性	5%		
	方案排版的品质性	5%		
	方案撰写的图文混排性	5%		
	市场调研的真实性、准确性	5%		
能力指标	目标提出的合理性	3%		
	困难提出的针对性	3%		
	城市理解的深入性	3%		
	区域理解的前瞻性	3%		
	房地产市场趋势预测力	3%		
	市场调研总结、借鉴性	5%		
	项目分析的客观性、全面性	3%		
	可参考案例的适应性	3%		
	项目定位的适度超前性	5%		
	客户群定位的准确性	5%		
	客户分析的深入性	3%		
	形象定位的品质感	3%		
	产品建议的可实施性	5%		
	产品建议的经济性	3%		

★策划部《项目规划及建筑设计建议任务书》方案撰写自评表（100分评分制）

考核内容	考核项目	考核比例	考核评分	备注
态度指标	一定要做好的态度	10%		
	开放的心态接受建议	10%		
努力指标	方案撰写的按时完成性	5%		
	方案撰写的逻辑清晰性	5%		
	方案文字的精炼性	5%		
	方案排版的品质性	5%		
	方案撰写的图文混排性	5%		
能力指标	规划建议的价值、经济性、创新点、可实施性评价	10%		
	建筑风格建议的价值、经济性、创新点、可实施性评价	10%		
	户型配比建议的价值、经济性、创新点、可实施性评价	10%		
	户型设计建议的价值、经济性、创新点、可实施性评价	10%		
	景观建议的评价	10%		
	配套建议的评价	5%		

总结与提升：

★ 策划部《项目营销战略及策略建议》方案撰写自评表（100分评分制）

考核内容	考核项目	考核比例	考核评分	备注
态度指标	一定要做好的态度	10%		
	开放的心态接受建议	10%		
努力指标	方案撰写的按时完成性	5%		
	方案撰写的逻辑清晰性	5%		
	方案文字的精炼性	5%		
	方案排版的品质性	5%		
	方案撰写的图文混排性	5%		
	市场调研的真实性、准确性	5%		
能力指标	目标提出的合理性	3%		
	困难提出的针对性	3%		
	城市理解的深入性	2%		
	区域理解的前瞻性	2%		
	房地产市场趋势预测力	2%		
	市场调研总结、借鉴性	5%		
	项目分析的客观性、全面性	3%		
	可参考案例的适应性	3%		
	形象定位的适度超前性	5%		
	客户群定位的准确性	5%		
	营销推广主题的适应性	5%		
	营销节奏分期的合理性	3%		
	营销推广主题的延展性	3%		
	营销推广活动的策划	3%		
	营销推广主题的立体实施	3%		

03 市调情况总结

◆ 所有工作完成以后，参照市调工作评价体系对本次市调工作进行自评与互评，进行总结、分析。

★ 策划部市场调研自评表（100分评分制）

考核内容	考核项目	考核比例	考核评分	备注
态度指标	一切皆有可能的态度	8%		
	团队负责任的态度	8%		
努力指标	三个代表、凡是的执行性	4%		
	市场调研的真实性、准确性	4%		
	市场调研的高效性	4%		
	团队的时间管理	4%		
	团队的组织、沟通、协调	4%		

总结与提升：

	准备工作的周到性	4%		
努力指标	团队备用金支出及管理	4%		
	市调照片拍摄数量、效果	4%		
	市场调研数据整理	4%		
	资料收集的全面性	4%		
	工作方法的改善和创新	4%		
能力指标	城市理解的深入性	4%		
	区域理解的前瞻性	4%		
	项目地块的实地勘测	4%		
	楼盘、信息调研的全面性	4%		
	调研突出关注重点	4%		
	访谈的针对性、深入性	4%		
	可参考案例的适应性	4%		
	问卷调研的有效样本质量	4%		
	市调总结及建议的合理性、适度超前性、可操作性	8%		

★ 策划部市场调研互评表（要求对团队每个成员给予评价及改进方向建议）

考核内容	考核项目	考核比例	考核评分	改进方向建议
领队	一切皆有可能的态度	20%		
	负责任的态度	20%		
	以身作则，带领作用	10%		
	团队组织能力	10%		
	沟通、协调能力	10%		
	专业领域经验及能力	10%		
	工作任务的合理分配	10%		
	虚心接受的态度	10%		
考核内容	考核项目	考核比例	考核评分	改进方向建议
队员	一切皆有可能的态度	20%		
	负责任的态度	20%		
	以身作则，带领作用	12%		
	团队配合意识	12%		
	沟通、协调能力	12%		
	专业领域经验及能力	12%		
	虚心接受的态度	12%		

总结与提升：

第六部分　项目定位标准化

6.1　项目定位标准化

01　项目定位乃"国之大事，死生之地，存亡之道，不可不察也。"

房地产正从红火冲动的卖方市场转入平静理性的买方市场，项目定位的重要性已日益凸现！面对即将来临的残酷、激烈的市场竞争，项目定位既是竞争之道、生存之道，更是盈利之道！

方向正确，努力的越多，离目标越近；而方向错误，努力的越多，离目标渐远。

◆ 土地取得以后，项目成功的80%取决于定位。

　　★ 项目定位在开发系统中的重要性应排在首位。开发商往往重视规划设计，土地取得以后的第一时间，先选择规划建筑设计院，而忽视营销策划应在项目前期即参与项目定位研讨。

◆ 项目定位的通病——自己的孩子是资质最好的。

　　★ 因项目定位问题而产生的滞销项目在房地产行业中比比皆是！开发商对城市市场状况、地段属性做出错误判断，而盲目设计大户型、豪宅，结果与客户需求不符，因此失败的案例数不胜数。

◆ 在规划设计之前，没有回答清楚目标客户是谁。

　　★ 项目未来的目标客户群特征：目标客户群规模、购房动机、需求面积、功能、购房首付预算、总价款预算范围等。这些是规划设计之前要反复论证思考，找到明确答案的问题。避免出现盖房子、再卖房子。

　　★ 万科于2002年在集团推广"项目定位"流程工作。

　　　　万科集团早在2002年，开始强行要求所有项目均须在拿地后立即进行项目定位，集团成立了由集团副总、设计部总经理、工程部总经理、企划（营销）部、财务部、资金中心、法务总经理共同组成的豪华阵容对项目定位进行最终把关。

　　★ 中海地产早在1998年即建立了"项目定位"机制。

　　　　在香港成熟的市场经济环境中成长出来的中海地产，早在1998年即建立了项目定位机制，并由集团副总及各专业部门总经理组成定位评审小组进行把关。而规划建筑设计，必须在项目定位之后严格按照定位方向推进，以保证产品符合客户需求。

02　项目定位认识要点

◆ 项目定位避免"自恋心理"。

　　★ 项目定位过程应避免是个项目就喊高端的"自恋心理"，同时将错误的信息传递给合作伙伴。开发商往往错误地认为自己的项目只有几百套，找到几百个客户还不容易吗？实际上，每个项目都是放在市场上与成千上万套房源一起竞争，难度可想而知。

◆ 充分考虑项目在企业中的定位。

　　★ 这个问题往往容易被忽略，老板没有认真思考，不同发展阶段的房地产开发企

开发阶段：　　　　　　　　　　　　　　　　　　年　　月　　日——　　年　　月　　日

总结与提升：

业对于同一个项目可能会有不同的需求。
- ★ 现实往往出现一个项目"多、快、好、省"全面追求的情况，在品牌还未建立起来之前，是无法实现的！
利润、速度、品质、成本是要有所取舍的。
- ◆ 结合地段竞争优劣势定位至关重要。
  - ★ 地段定位时，切莫"一叶障目，不见泰山"。开发商容易陷入"自恋情结"，地段内有个小溪，忘了竞争项目的大江；地段内有个水池，忘了竞争项目的湖泊，导致地段的竞争价值过分夸张，定位不准。
- ◆ 结合开发商自身的产品线定位。
  - ★ 不同的企业可以在同一地块上开发不同的产品，如同样是大城市近郊，万科、龙湖、绿城的产品不尽相同，要看企业的产品优势。另外，品牌可以改变地段的属性，如星河湾可以在二类地段建一类豪宅。
- ◆ 目标客户群定位应尽可能清晰。
  - ★ 对于项目定位而言，目标客户越清晰、越明确，越有利于项目定位准确。
- ◆ 建筑形态组合是规划设计要求因素。
  - ★ 同样的容积率，可以有多种不同的建筑形态组合。例如，城市郊区大盘，容积率为1.4，龙湖的建筑形态组合为类独栋、叠拼、洋房和小高层；绿城的建筑形态组合以洋房、小高层为主。
- ◆ 户型功能与面积的匹配决定客户购买。
  - ★ 户型面积、功能是决定客户购买的关键。同时也决定了现金流和利润，正确的建筑形态组合，由于不正确的户型面积、功能也可能滞销。
- ◆ 销售价格定位。
  - ★ "定价即是定生死！"销售价格定位，是控制项目成本和决定项目各项配套标准的依据。

03　项目定位要点提示

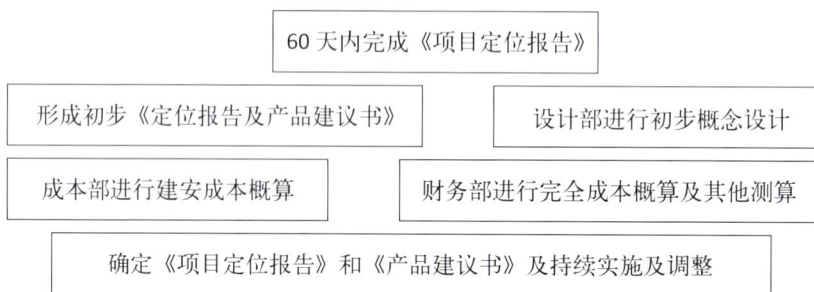

> 60天内完成《项目定位报告》

> 形成初步《定位报告及产品建议书》　　　设计部进行初步概念设计

> 成本部进行建安成本概算　　　财务部进行完全成本概算及其他测算

> 确定《项目定位报告》和《产品建议书》及持续实施及调整

04　项目定位报告及产品建议书内容要点

- ◆ 项目概况及项目特点分析
- ◆ 房地产发展背景研究
  - ★ 宏观经济政策背景及发展趋势研究，对房地产的影响判断。
  - ★ 区域房地产市场供需、价格走势研究，以及对未来房地产市场发展的判断。
- ◆ 项目竞争对手（周边及同类型物业）市场定位调查
  - ★ 项目概念　★ 主题特点　★ 规划设计　★ 立面造型

总结与提升：

    ★ 户型面积及比例　★ 配套设施　★ 装修情况　★ 售价情况
    ★ 目标客户　★ 营销与卖点　★ 项目成败简析

◆ 其他城市可借鉴的优秀案例调查分析
    ★ 提出与本项目的可类比性,解析成功关键因素对于本项目的借鉴意义。

◆ 关于本项目客户定位
    ★ 项目 SWOT 分析
    ★ 目标客户群分析,调查现有人群及结构分类
      ● 年龄　● 工作　● 可支配收入　● 受教育程度　● 居住特点(租房或购房)
      ● 居住面积　● 房屋类型　● 接触媒介
    ★ 目标客户群分析,群体购房意愿及潜力
      ● 意愿购房时间　● 位置　● 面积　● 户型　● 朝向　● 价格
      ● 付款方式　● 装修偏好　● 房内配套　● 交通教育娱乐偏好
    ★ 竞争项目购买客户群特点调查
      ● 年龄　● 身份　● 工作　● 原居住情况　● 价格承受力
      ● 主要消化户型及面积等背景资料　● 购买竞争项目原因
    ★ 客户定位(结论),细分客户,寻找目标购买群体
      ● 年龄　● 受教育程度　● 可支配收入　● 原居住情况(位置、户型、面积、租用或自购)
      ● 居住习惯　● 生活特点　● 消费偏好等
    ★ 目标客户群关心的问题,汇总目标客户特征与需求

◆ 项目主题定位
    ★ 项目形象及发展理念,符合市场需求和客户偏好,如郊区化、便利、尊贵等。
    ★ 主题及概念:体育主题 水城主题 休闲小镇 温泉养生 旅游度假 文化社区 宗教文化

◆ 卖点提炼及主要借鉴项目

◆ 项目档次定位

◆ 项目规划楼体型态组合建议
    ★ 说明高层、小高层、多层、洋房、别墅等建议与组合比例。

◆ 项目楼体型态内户型及面积建议
    ★ 户型功能、户型面积说明、户型套数配比、户型面积配比、户型在各楼座排布说明。

◆ 小区商业面积及商业功能设置建议
    ★ 说明功能及面积,如满足小区自身需要或外向型的,属铺面式、商场式、街区式或其他类。

◆ 项目配套标准建议
    ★ 车位配置数　★ 教育(是否需要设置幼儿园、中小学及其规模数量等)
    ★ 交通设置(是否设置住户车、公交线引进等)
    ★ 娱乐(会所及面积及其他娱乐功能及设施)
    ★ 医疗或健康设施　★ 银行、邮局等

◆ 项目规划设计要求
    ★ 在实现容积率的前提下,规划设计特点要求(与项目整体概念吻合)。

◆ 项目结合规划设计,提出分期开发建议
    ★ 分期数及原因说明,分期时间安排。

总结与提升：

  ★ 各期占地面积、建筑面积及户型与比例。

  ★ 各期之间的关联、各期施工及销售时间。

  ★ 首期土地情况、首期施工的便利性、首期销售的利好因素。

 ◆ 项目结合规划设计，提出体验区建议

  ★ 包括售楼中心、样板房、景观示范区、看房通道选址等与规划设计要求的结合。

 ◆ 项目建筑风格建议

 ◆ 项目景观设计要点建议

 ◆ 项目价格建议

  ★ 预计整体均价，项目总销售收入 ★ 各类产品价格特点及总价控制

  ★ 说明各类总价的控制比例   ★ 各期价格

 ◆ 成本与盈利测算

  ★ 说明在既定容积率条件下，建议产品组合的获利情况，并辅助以其他产品组合的获利情况说明建议产品组合的适应性，分析时可参照以下表格。

功能	高层	小高层	多层	洋房	别墅	商业	车位	合计
容积率								
面积								
比例								
开发成本								
销售均价								
项目利润								
总容积率								

  ★ 经济效益评估表

经济指标	单位数值	项目总额（万元）	备注
销售收入			
开发成本			
总投资			
项目利润			
净利润			
内部收益率			
销售净利率			

  ★ 成本控制要求

  基于预期售价说明整个项目的成本控制范围，使之满足项目效益要求。

总结与提升：

6.2 项目定位分析模型

模型一 SWOT分析法

01 SWOT分析法

◆ 在房地产项目中的基础应用是项目 SWOT 分析，精细化还包括地块 SWOT 分析、产品 SWOT 分析、营销推广 SWOT 分析等。

◆ Strength（优势）

★ 大环境（经济和政策） ★ 市场需求 ★ 区位 ★ 道路交通 ★ 城市规划 ★ 建筑规模 ★ 定位 ★ 产品 ★ 配套设施 ★ 物业管理

◆ Weakness（劣势）

★ 市场需求 ★ 区位 ★ 道路交通 ★ 地块形状 ★ 规模 ★ 规划 ★ 配套 ★ 开发商 ★ 管理

◆ Opportunity（机会）

★ 需求量增加 ★ 商圈变化 ★ 投资需要 ★ 其他因素

◆ Threat（威胁）

★ 供应量过多 ★ 商圈变化 ★ 销售价格 ★ 投资意识 ★ 其他因素

02 SWOT分析的步骤

◆ 罗列项目的优势和劣势，可能的机会与威胁。将列出的各种因素根据轻重缓急或影响程度等排序。

◆ 优势、劣势与机会、威胁相组合，形成 SO、ST、WO、WT 策略。

◆ 对 SO、ST、WO、WT 策略进行甄别和选择，确定项目目前应该采取的具体战略与策略。

SWOT	优势（S）	劣势（W）
	1、2……	1、2……
机会 (O)	SO 发挥优势 抢占机会	WO 利用机会 克服劣势
1、2……	1、2……	1、2……
威胁 (T)	ST 发挥优势 转化威胁	WT 减少劣势 避免威胁
1、2……	1、2……	1、2……

模型二 SCQ结构化分析法

01 SCQ结构化分析法

◆ 情境（Situation），即公认事实，需要完成某项任务。

◆ 冲突（Conflict），推动情境发展并引发矛盾的因素，发生了妨碍任务完成的事情。

◆ 疑问（Question），分析存在的问题，如何实施解决方案。

总结与提升：

◆ SCQ 结构化分析法，通过对项目现实情况 S 所产生的结果 R1 与期许的结果 R2 两者之间的差异比较 C，找到项目需要解决的关键问题 Q。

02 案例分析

◆ 项目背景

阿普阿布项目位于长沙河西市政府板块，处于咸嘉湖西路与谷丰路交汇处，两面临路。项目总占地 31 亩，总建筑面积 6.29 万 m^2，其中住宅占 5.91 万 m^2；产品从 45m^2 到 120m^2 不等，主力户型以紧凑的两居和小三局为主。同区域大盘林立，竞争激烈，建筑面积过百万平方米的项目就有四个。

◆ SCQ 结构方法

★ 情境（Situation）——项目背景事实（项目、客户、市场）

项目总建筑面积为 6 万多 m^2，地块较小，不具备规划大型社区和完备配套的基础。目前项目周边破败不堪，形象不佳；

项目交通便利，地铁、过江隧道均在建设中，未来发展潜力巨大；

项目所在版块日益成熟，配套更显齐备；

板块内竞争激烈，有近二十个楼盘大量推货，区域内的均价在 6200 ~ 6500 元/m^2 左右。

★ R1，非期望结果——按常规发展的可能结果

项目入市时，周边环境一般，但未来发展潜力较大。三年左右，区域内交通、生活配套、商业等趋于成熟；

项目的户型设置，以紧凑的两居和小三居为主，主要以首次置业者为主，满足购买力较一般的刚需客户；

项目容易陷入同质竞争，将会给本项目的市场销售和资金快速回笼带来较大的压力，实现项目目标有难度。

★ R2，期望结果——项目的期望目标

把本项目打造成较有品牌力的项目；

突破河西现有价格水平，实现入市产品均价 7500 元/m^2；

避免陷入区域项目的同质竞争，追求差异化的竞争优势。

★ 矛盾或冲突（Conflict）——R1 与 R2 之间存在着的矛盾或冲突

R1—按常规发展的可能结果	R2—项目的期望目标
区域未来会成熟，但目前不完备	把本项目打造成较有品牌力的项目
以刚需为主，突破区域现有价格体系难度较大	突破河西现有价格水平，实现入市产品均价 7500 元/m^2
近二十个楼盘提供全类产品，产品几乎无法突围	避免陷入同区域项目的同质竞争，追求差异化的竞争优势

★ 提出问题（Question）——从"现实"（R1）到"理想"（R2）必须要解决的问题

通过以上逐层的推导，项目要实现目标，需要解决三个核心问题，这些问题正是项目在前期定位时需要重点思考的。

问题一：项目如何营销，未来才能吸引人气，更新人们的传统认识？

问题二：如何提升项目的附加值，使项目有条件突破现有价格体系？

问题三：在推广工作上寻求差异化的定位，以便于脱颖而出。

开发阶段：   年　月　日——　年　月　日

总结与提升：

模型三　市场竞争战略模型

市场竞争战略模型，将区域市场的项目划分成"领导者"、"挑战者"、"追随者"和"补缺者"四种角色，用不同的角色提炼出不同的竞争战略。

角色划分	具体描述	特征要点	竞争策略
领导者（行业老大）	标准制定者，有惊人的胃口和抵御市场风险的能力；项目有强势的品牌影响力和较大规模	★ 垄断价格 ★ 产品具有不可复制性 ★ 过河拆桥竞争策略	★ 扩大市场需求 ★ 维持市场份额 ★ 提高市场占有率
挑战者（非行业老大，中大规模市场）	强调自我的评判体系，拥有不错的品牌优势，通过创新产品，改变游戏规则	★ 改变游戏规则 ★ 强调新的评估标准 ★ 强调产品特色和价值	★ 价格竞争 ★ 产品竞争 ★ 服务竞争 ★ 渠道竞争
追随者（次/非主流市场）	项目在产品规模和品牌上无明显优势，核心竞争策略是跟随主流	★ 搭便车，借势 ★ 以小博大，杀伤战术 ★ 价格战的制造者	★ 仿效跟随 ★ 差距跟随 ★ 选择跟随
补缺者（敏锐的机会主义者）	清晰的市场定位和客户定位，打造供需对应的产品，以填补市场空缺	★ 目标明确，挖掘客户 ★ 瞄准市场缝隙 ★ 创新产品和需求点	★ 市场专门化 ★ 顾客专门化 ★ 产品专门化

模型四　波士顿矩阵

01　波士顿矩阵定义

波士顿矩阵又称市场增长率。在地产营销领域的应用，体现了不同类型产品与利润贡献之间的关系。地产营销版本波士顿矩阵，在四象限阵营中，分类成"明星产品"、"现金牛产品"、"婴儿产品"和"瘦狗产品"。

市场	
明星	婴儿
现金牛	瘦狗

高　　　　　　　　相对市场份额

- ◆ 明星产品：具备差异性优势以及稀缺物业类型的最高端产品，形成项目标杆价值。客户需求量高，可实现高市场价值。
- ◆ 现金牛产品：成熟市场中的主流产品，具有广泛的客户关注，它是项目资金的主要来源。客户需求量较高，可实现较高市场价值。
- ◆ 婴儿产品：目前缺乏展示、包装、推广的单位，需要不断投入以增强其竞争能力，可通过持续投资，发展为明星产品。目前客户需求量较低，条件转化后可实现较高市场价值。
- ◆ 瘦狗产品：产品优势弱，市场承接度低，客户需求量与市场可实现价值较低。

02　波士顿矩阵与营销策略

- ◆ 如项目入市以资金回笼为首要目标，在推售产品组合上，以现金牛产品为主。

总结与提升：

◆ 如需以特惠房的推出带动销售，以瘦狗产品为特惠房，配合以现金牛产品。

◆ 如为树立项目市场形象和影响力，推售产品就以明星产品为主打。

模型五　客户价值取向模型

客户价值取向模型把影响客户购买行为的五大因素（价值、规范、习惯、身份和情感）纳于一个系统内思考，体系化地分析客户需求，从而在项目开发和营销中有所偏向。

◆ 情感：产品能够有效满足客户的情感和追求，自然更容易获得客户的认可。

◆ 价值：指所购产品带来的价值比同类竞争产品更大。

◆ 规范：避免或消除一种与其价值相左的内心冲突。

◆ 习惯：客户无意识地形成了一定的消费习惯。

◆ 身份：产品帮助客户在他人面前显露出理想的身份。

万科客户细分体系及产品价值取向				
	家庭特征	购房动机	对房子的态度	产品需求
社会新锐	25～34岁的青年或夫妻，无孩子，高学历	栖息：不喜欢租房，想拥有自己的房子；自我享受	自我享受；品味体现：品味、情调、个性；社交娱乐：朋友聚会娱乐重要场所	健身娱乐：较好的健身场所、临近大型运动娱乐休闲场所；要求较好的户型；喜欢的建筑风格
望子成龙	0～17岁孩子	孩子成长：好的生活条件，去更好的学校学习；改善住房条件	孩子成长的地方，也是自己稳定感和归属感的来源	高质量幼儿园、小学；小区安全能给孩子健康成长创造条件
健康养老	空巢家庭、有老人同住的家庭	孝敬老人：就医便利，住在一起；自我享受	照顾老人的地方；安享晚年的地方	看重外部环境，靠近景色优美的风景，空气质量好；小区或周边有大规模园林和良好绿化
富贵之家	家庭高收入，社会所认同的成功人士	社会地位提升：和地位相当的人住一起；独立功能：单独的健身房、单独的书房等；跟风：周围人买，自己也想买，炫耀心理	社会标签：事业成功的标志，可以挣得面子，体现社会地位	带有社会标签意味的房屋特征明显，周边小区的档次也要很好、拥有高素质的小区居民、有名气的开发商
务实之家	家庭低收入	大房（提升）：拥有更大的厅、卧室；置业：给后辈留下一份产业	栖身居住：对房屋价值无更高需求，停留在满足生理需求层面；生活保障：重要投资、是未来生活的保障	低的价格，追求低生活成本，生活便利；方便的公交路线；附近或小区里有小规模的便利店、商店、超市；附近或小区里有中小规模的医疗机构

模型六　USP理论

USP理论又称为独特的营销主张。通过自身项目与竞争项目的比较，寻找到项目独有或是独特卖点，深入挖掘，生动包装，从而树立起产品独有的认识。

开发阶段：　　　　　　　　　　　　　　　　　　　年　月　日——　　年　月　日

总结与提升：

卖点分类

◆ **楼盘硬件**
- ★ 户型卖点 ★ 配套设施 ★ 交通卖点 ★ 精装修卖点 ★ 板式住宅 ★ 建材与配置
- ★ 景观卖点 ★ 新工艺新材料 ★ 使用率卖点 ★ 楼间距卖点 ★ 会所卖点 ★ 泳池卖点
- ★ 户口卖点 ★ 大型超市进驻 ★ 规划卖点 ★ 专业组合 ★ 大规模卖点 ★ 创新技术
- ★ 绿化率卖点

◆ **建筑风格**
- ★ 异国风情:欧陆风格、威尼斯水乡、德国建筑、法式浪漫、欧洲城堡哥特式、意大利巴洛克式、拜占庭式、和式、东南亚风格
- ★ 民族建筑:江南民居、岭南建筑、新四合院、水乡风情、徽派建筑
- ★ 流行风格:古典风格、现代主义、后现代主义、新古典主义、新理性主义、解构主义及反构成主义、白派建筑、简约主义、流线造型

◆ **空间价值**——错层卖点、跃式卖点、复式卖点、空中花园、大露台卖点等

◆ **园林主题**
- ★ 中心花园 ★ 加拿大风情园林 ★ 主题园林 ★ 艺术园林 ★ 亚热带园林 ★ 欧陆园林
- ★ 江南园林 ★ 自然园林 ★ 树木卖点 ★ 新加坡式园林 ★ 岭南园林 ★ 园林社区
- ★ 澳洲风情 ★ 海滨风情 ★ 热带园林

◆ **自然景观**
- ★ 全海景卖点 ★ 一线江景 ★ 二线江景 ★ 园景卖点 ★ 人工湖景 ★ 山水景观
- ★ 山景卖点 ★ 河景卖点 ★ 自然湖景等

◆ **区位价值**
- ★ 繁华路段 ★ CBD 概念 ★ 中心区概念 ★ 奥运村概念 ★ 地铁概念 ★ 商业地段

◆ **产品类别**
- ★ 小户型物业 ★ Townhouse ★ 产权式酒店 ★ 独立别墅 ★ 酒店式公寓 ★ 大户型物业
- ★ 商务公寓 ★ 国际公寓 ★ 学院派公寓 ★ 新独院住宅 ★ 经济适用房等

◆ **人以群分**
- ★ 豪宅卖点 ★ 白领卖点 ★ 单身公寓 ★ 工薪阶层 ★ 外销卖点 ★ 先锋人 ★ 国际化社区

◆ **原创概念**
- ★ 居住主题 ★ 新都市主义 ★ 宣言卖点 ★ 度假式概念 ★ 现代主义 ★ 游戏规则

◆ **功能提升**
- ★ 健康概念 ★ 投资概念 ★ 绿色概念 ★ e概念卖点 ★ 环保概念 ★ 生态概念

◆ **产品嫁接**
- ★ 教育概念 ★ 音乐概念 ★ 艺术概念 ★ 运动概念 ★ 旅游概念

◆ **楼盘软性**
- ★ 服务卖点 ★ 文化卖点 ★ 物业管理 ★ 口碑卖点

◆ **产品可感受价值**
- ★ 品质卖点 ★ 成熟社区 ★ 身份地位 ★ 安全卖点

◆ **楼盘及开发商形象**
- ★ 荣誉卖点 ★ 开发商品牌 ★ 自我标榜 ★ 张扬个性

◆ **居住文化与生活方式**

总结与提升：

　　★ 生活方式　★ 品味卖点　★ 文脉卖点
◆ 情感
　　★ 孩子卖点　★ 情缘卖点　★ 亲恩卖点
◆ 销售与工程进度
　　★ 奠基卖点　★ 内部认购　★ 第一期公开发售　★ 第二期公开发售　★ 最后一期公开发售
　　★ 火爆人气　★ 热销卖点　★ 加推卖点　★ 样板房开放　★ 外立面呈现　★ 封顶卖点
　　★ 竣工卖点　★ 交楼卖点　★ 入伙卖点　★ 尾房销售　★ 现房卖点　★ 答谢卖点
◆ 创意促销
　　★ 价格卖点　★ 付款方式　★ 竞卖卖点　★ 节日促销　★ 折扣促销　★ 送礼促销
　　★ 特价单位促销　★ 巨奖促销　★ 名人效应　★ 各类比赛促销　★ 征集活动促销
　　★ 开放日促销　★ 业主联谊促销　★ 音乐会促销　★ 表演活动促销　★ 艺术活动促销
　　★ 新旧房互动　★ 车房互动　★ 送私家花园　★ 另类营销手法

6.3　定位决策依据标准化

01　项目核心目标确立

　　集团目标或项目目标设定，如追求利润、现金流、品牌以利于项目后期运作，否则具体目标无法进行界定。

02　容积率与建筑形态测算标准化

◆ 最佳容积率：是指能够使利润最大的容积率数值。
◆ 项目容积率与利润推算方法
　　★ 首先是根据容积率限值和经验容积率、建筑密度、限高等确定大概的物业类型。比如，一块地容积率为 1.2，限高 30m，就可以有多层、小高层和高层三种物业组合。
　　★ 用假设开发法（售价－费用）测算每种物业状态下每平方米土地（占地）所创造的增值。
　　★ 假设各种物业的占地比例及比例增幅，求出每种组合下的土地增值总额。土地增值总额最大条件下的容积率即为最佳容积率。

03　核心竞争优势

◆ 项目的核心竞争优势是具有独特性、排他性的资源，如海南的海没有排他性；内陆城市的山也不具备独特性；温泉地区的温泉资源同样没有排他性。这些资源是一个区域的资源，而非属于项目的独特、核心的资源。如果无法找到先天性的独特资源，就需要打造属于本项目的独特资源。

04　主要竞争对手

◆ 对竞争对手的独特卖点及竞争优势，必须充分摸底，了解项目运作详情。用客户的眼光加以判断，自己的项目是否能够超越其他竞争项目，或与竞争项目充分形成差异化，给客户足够的购买理由。

开发阶段：　　　　　　　　　　　年　月　日——　　年　月　日

总结与提升：

6.4　项目定位内容

01　地块属性定位

◆ 地块所在区域的核心资源。

◆ 地段所在区域的客户认知，如豪宅区、改善区、老城区；位于核心区或远离核心区的地块，谁会成为客户群，是高端客户、刚需客户？等等客户对地段的客观认知。

◆ 地段潜力：未来发展、市政规划、重大产业、医疗教育、环境资源等。

◆ 地段定位用于明确该地段在竞争对手和竞争区域中所处的位置及核心优势。

02　项目目标客户群定位

◆ 客户构成调研

　　★ 来自区域比例　★ 年龄阶段比例　★ 购房性质比例　★ 教育程度比例

　　★ 家庭结构比例　★ 选择套型比例　★ 家庭收入比例　★ 付款方式比例

　　★ 认知途径比例　★ 工作性质比例　★ 对住宅消费的选择顺序　★ 购房资金来源比例

　　★ 需求面积区间比例　★ 建筑形态需求比例

◆ 客户购房行为特征分析

　　★ 购房总价　★ 购房面积　★ 购房单价　★ 购房行政区域　★ 房型

　　★ 装修房接受度　★ 装修房可接受价格

◆ 客户土地属性接受特征分析

　　★ 教育资源　★ 交通配套　★ 商业配套　★ 环境设施

　　★ 医疗配套　★ 健身娱乐设施

◆ 购房动机特征分析

　　★ 不想租房　★ 家庭结构变化　★ 两代关系不和谐　★ 小孩成长　★ 照顾老人

　　★ 房子拆迁　★ 投资置业　★ 改善居住条件　★ 交通便利

◆ 产品属性需求特征分析

　　★ 物业管理　★ 车位管理　★ 身份象征和升值潜力　★ 邻居素质

　　★ 空间面积　★ 户型结构　★ 小区环境

◆ 房屋价值观特征分析

　　★ 社会标签　★ 健康安全　★ 栖身居所　★ 照顾老人　★ 生活保障

　　★ 独立空间　★ 享受生活

◆ 家庭价值观特征分析

　　★ 事业有成　★ 享受生活　★ 压力沉重　★ 关心家庭　★ 节俭奋斗　★ 投资倾向

◆ 物业管理

　　★ 公共清洁　★ 公共维修　★ 保安服务　★ 家居清洁服务　★ 管道维修

　　★ 重点服务　★ 代订代购物品　★ 送餐服务　★ 儿童代管　★ 照顾老人

　　★ 电器维修　★ 绿化管理服务

03　主题形象定位

◆ 项目主题形象定位　建筑立面形象定位　市场推广形象定位　视觉识别形象定位

◆ 主题定位

　　★ 旅游度假　★ 商住两用　★ 体育运动　★ 教育主题　★ 文化主题　★ 历史主题

开发阶段：　　　　　　　　　　　　　　　　年　月　日——　年　月　日

总结与提升：

★ 康居工程　★ 建筑节能　★ 绿色环保　★ 住宅科技　★ 山景主题　★ 江景主题
★ 湖景主题　★ 海景主题　★ 传统民族　★ 传统园林　★ 现代建筑　★ 异国风情
★ 豪华会所　★ 星级物管　★ 单身公寓　★ 白领生活　★ 富豪生活　★ 老年生活
★ 区位主题　★ 户型主题　★ 价格主题　★ 形象主题　★ 品质主题　★ 亲情主题
★ 爱情主题

04　产品定位

◆ 功能与类型定位（产品的类型及组合）

建筑类型	住宅	别墅	独栋，双拼，联排，院墅（双拼式、联排式、组团式），叠拼
		类别墅	叠拼（两叠、三叠、平跃结合），花园洋房
		普通住宅	多层，小高层（板式、点式），高层（高板、高塔、塔连板），超高层
		政策性保障房	市重大工程配套商品房，限价房，经济适用房，廉租房等
	公建	常规	学校，医院，体育馆，博物馆，剧院等
		商业	零售类，办公（标准写字楼、酒店式办公、公寓式办公、轻型办公、低密度办公），公寓，酒店

◆ 产品档次定位
高档、中档、低档

05　建筑规划定位

◆ 分期开发节奏定位
项目开盘之前，须根据市场情况、销售回笼资金时间、地块面积大小、规划情况、产品类型等确定合理的开盘面积、开盘分区、开盘时间与每期价格，制定完备的交房标准，明确每次交房的时间。

★ 分期开发、分期交房必须考虑的八个方面
规模、资金、销售、产品、价格、规划、风险、成本
★ 分期开发原则
● 市场需求为主导的开发原则
● 满足土地平整进度要求原则
● 由易到难的土地开发原则
● 便于施工管理的原则
● 产品展示最大化、提高品牌形象的原则
● 灵活滚动开发原则
● 经济效益最大化原则
★ 分期开发推售策略
价值均衡原则，推售的房源既有好房源又有相对劣势房源。
在制定每期的销售目标（即每期回款计划）的前提下，推出相应的房源。
保证推售足够面积实现销售目标，完成销售任务。
★ 分期开发价格策略
逐步渐进提高，留有升值空间。
★ 分期开发促销策略
★ 广告、体验式营销、人员行销

总结与提升：

◆ 体验示范区定位
　　★ 景观概念、空间组织及游线、主入口、主景观、样板庭院、入户设计、植物设计、水景设计、装饰小品、景观色彩。
　　★ 体验区景观的分类及特征

分类	样板房	样板区选址	景观营建	服务时间	成本控制	建设速度
实体体验区	永久	用地内	转换为园区景观一部分	不受限制	成本转化	慢，受建筑建设速度影响
临时体验区	永久 / 临时	可异地：邻近用地、远期用地	局部或全部拆除	受限制	成本消耗	快，不受建筑建设速度影响

　　★ 体验区景观设计原则
　　　产品大于作品、情景大于景观。
　　★ 体验区选址规划
　　　规划管控要点、规模、资源组合。
　　★ 体验区景观体验动线设置与体验点
　　　景观体验点选择、体验动线、典型体验点。
　　★ 验区景观成本
◆ 地块内部价值分区定位
◆ 整体布局形式定位
　　行列式、围合式、组团式、点群式、开放式、混合式。
◆ 建筑密度定位
◆ 建筑密度是指在具体"宗地"内建筑物基底面积与宗地面积之比。
　　★ 绿化率
　　★ 容积率：详见"第十一部分 专题说明"中的"11.4 容积率专题"。
◆ 建筑风格定位

建筑风格	典型特征
地中海建筑风格	● 简单圆润的线条 ● 色彩的组合与碰撞，门廊、圆拱和镂空 ● 多用螺旋形铸铁花饰、建筑圆角、文化石和特别的涂料 ● 露台上采用弧形栏杆等
意大利建筑风格	● 厚实的墙壁、窄小的窗口、半圆形的拱顶、逐层挑出的门框装饰和高大的塔楼 ● 大量使用砖石材料 ● 中心庭院布局 ● 阳台窗户间都有铸铁花饰，多用尖顶、石柱、浮雕
法式建筑风格	● 线条鲜明，大量采用斜坡面 ● 屋顶多采用孟莎式，上面多有精致的老虎窗 ● 外墙多用石材或仿石材装饰 ● 注重细节，细部处理上运用法式廊柱、雕花、线条 ● 多采用对称造型
英式建筑风格	● 三层墙面 ● 坡屋顶、老虎窗、女儿墙、阳光室 ● 手工建筑材料 ● 红砖在外，斜顶在上，屋顶为深灰色
德式建筑风格	● 工业美感 ● 不对称的平面、高坡度的楼顶、窄小的窗口、半圆形的拱券、轻盈剔透的飞扶壁、彩色玻璃镶嵌的修长花窗 ● 粗重的花岗岩、厚实的砖石墙 ● 有层次的空间营造
北美建筑风格	● 大窗、阁楼、坡屋顶 ● 丰富的色彩和流畅的线条 ● 侧山墙、双折线屋顶以及哥特式的尖顶 ● 简洁大方，非常具有人性化
新古典主义建筑风格	● 下层通常用重块石或画出仿石砌的线条 ● 中端用古希腊、古罗马五种柱式 ● 檐口及天花周边用西洋线脚装饰，正面檐口或门柱上往往以三角形山花装饰 ● 色彩上以大面积颜色为主

总结与提升：

新中式建筑风格	● 北方合院派：外观采用北京四合院的灰色坡屋顶、筒子瓦及一定高度的墙院围合方式，材质多用地域色彩浓厚的灰砖 ● 南方园林派：亭台楼阁轩多仿苏州园林样式，白墙青瓦、马头墙、飞檐是建筑突出特点
现代主义建筑风格	● 积极采用带有强烈金属质感新材料 ● 简洁的造型和线条 ● 高耸的建筑外立面 ● 国际流行色调，竖线条色彩分割 ● 波浪形态的建筑布局
综合类建筑风格	● 多种不同建筑风格混搭 ● 丰富多彩的园林设计

◆ 户型大小及比例

户型配比（销售面积／户型面积配比、实得面积／户型面积配比）、户型功能设置、户型／房间朝向及景观面设置、户型附加值设计。

◆ 结构类型
◆ 公建配套定位

交通、车位、会所、医院、商业购物、体育、休闲娱乐等设施的类型及规模。

◆ 景观环境定位

绿地、采光、水系等。

06 价格定位

◆ 价格定位流程
◆ 评估内外部因素
  ★ 内外部因素包括：消费者需求、市场动态、竞争对手、成本、商品力、销售能力、利润目标等。
  ★ 影响房价的主要因素：供求比例、经济发展、居民收入变动情况、居民居住水平和居住结构情况等。
◆ 收集定价信息

定价信息包括：地段远近、产品品质、市场客源、楼盘定位及相关政策等。如付款方式的转变、建筑设计发展趋势、销售策划、商场操作等。

◆ 决定楼盘平均单价
◆ 决定各期各栋的平均单价

若为大规模楼盘，预计分期销售，则可就各期制定平均单价；

若个案规划为多栋建筑，可评估各栋差异因素及程度，决定各栋的均价。

◆ 决定楼层垂直价差

在指定垂直价差时，先决定一个基准楼层，使其单价等于该建筑的均价，然后再评估其他楼层与该基准楼层之间价格差异程度，从而制定其相对价格，并使楼层相对价格总和等于零。

◆ 决定水平价差

若为直筒式建筑，由于每层的平面规划均相同，因此仅制定一个水平价差即可适用于各层；

若平面格局复杂，则应就每种不同平面格局制定水平价差。

◆ 调整价格偏差
◆ 价格定位方法
  ★ 成本导向定价 ★ 需求导向定价 ★ 竞争导向定价 ★ 市场比较导向定价
◆ 价格表制定的步骤
  ★ 制定核心销售均价 ★ 制定分栋、分期销售均价 ★ 层差和朝向差

开发阶段：　　　　　　　　　　　　　　　　　年　　月　　日——　　年　　月　　日

总结与提升：

> ★ 形成价目表 ★ 特别调整 ★ 付款方式
> ◆ 价格表调整方法
>> ★ 制定核心均价的因素调整
>> ★ 楼栋之间的因素调整
>> ★ 楼层之间的因素调整
> ◆ 定价策略
> ◆ 总体定价策略
>> ★ 低价策略——定价依据
>>> ● 扩大市场容量，转换有效需求，将无法支付高价的消费者转换成为实际购买者。
>>> ● 企业的产品多为较低档次的商品房，其价格弹性较大，低价会促进销售，从而提高利润总额。
>>> ● 企业的开发成本较低，期望的利润值也低。
>>> ● 市场上同类楼盘相对过剩，市场竞争激烈。
>>> ● 作为先发制人的竞争策略，有助于企业夺取市场占有率。
>>> ● 与竞争者保持均势。
>>> ● 低价可阻止实力不足的竞争者进入市场，使企业在竞争压力最小的情况下获得大量顾客。
>> ★ 中价策略——定价依据
>>> ● 市场消费容量较为稳定，成交量大。
>>> ● 楼盘投入市场后比较成熟，消费者认同度较高。
>>> ● 区域或楼盘形式的发展进入了成熟阶段。
>>> ● 价位对于开发企业和消费者都比较容易接受。
>>> ● 市场供求较为平稳。
>>> ● 市场竞争较弱。
>>> ● 企业的利润期望值一般。
>> ★ 高价策略——定价依据
>>> ● 企业开发的楼盘档次较高，价格弹性较小，高价造成的需求或销售量较少，幅度很小。
>>> ● 该类楼盘的消费者档次较高，对价格的关注度较少。
>>> ● 企业对利润的期望值较高。
>>> ● 同类型的楼盘竞争相对较少。
>>> ● 在一定时期内，这类楼盘供应缺乏，开发商希望获得较多利润。
>>> ● 企业希望通过高价树立品牌形象。
>>> ● 楼盘的特色、功能、服务及区位是独一无二的。
>> ★ 过程定价策略
>>> 开盘价格定位：★ 低价开盘 ★ 高价开盘 ★ 中价开盘
>>> 过程价格定位：★ 低开高走 ★ 高开低走 ★ 稳定价格
>>> 时点价格定位：★ 心理定价 ★ 声望定价 ★ 总价控制 ★ 组合定价
>>> 尾盘价格定位：★ 明降 ★ 暗降
> ◆ 价格促销策略
>> 扩大客户层面：运用扩大客户层面策略应注意原则。

开发阶段：　　　　　　　　　　　年　月　日——　年　月　日

总结与提升：

销售过程价格优惠：运用广告手法应注意原则；运用限时折价手法应注意原则。
- ◆ 价格避让策略
  - ★ 价格避让 ★ 价格等待
- ◆ 价格策略与销售速度的关系
  - ★ 单价与总价区间 ★ 销售突破说明
- ◆ 价格调整
- ◆ 市场验证
  - ★ 价格敏感度分析 ★ 难点户型价格分析
- ◆ 分析方法
  - ★ 上门客户问卷调查 ★ 成交客户分析 ★ 现场销售人员座谈
- ◆ 调整价格
  - ★ 制定调整策略 ★ 形成调整后的价目表

07 项目案名定位

- ◆ 好案名必备条件
  - ★ 适合目标群体并考虑对于边缘用户的影响力
  - ★ 回避地产板块的负面因素
  - ★ 考虑未来是否用于连续的品牌符号
  - ★ 传播效果（上口、易记）
  - ★ 语义学价值（个性、流行价值承载、联想效果）
- ◆ 案名分类
  - ★ "主义"划分
  - ★ 价格档次划分
  - ★ 其他划分
    - ● 独具特色 ● 地域地段特色 ● 公司品牌延展 ● 豪华国际品质 ● 数字组合
    - ● 中英文组合 ● 个性自我 ● 谐音巧用
- ◆ 项目案名命名原理：命名 SOI — CKT 要素
  - ★ S（Suitability）合适性——对产品功能、特征、优点的描述是否恰如其分。
  - ★ O（Originality）独创性——独一无二，是否与其他案名相仿或容易混淆。
  - ★ I（Identity）同一性——是否易记，是否有回忆价值。
  - ★ C（Creativity）创造力——是否能吸引人，有韵律，或有文字游戏等成分。
  - ★ K（Kinetic value）能动价值——案名是否能引导人进行联想。
  - ★ T（Tempo）发展力——案名是否能对准备开发的市场提供合适的基调，给目标中的消费者创造一个好印象。
- ◆ 项目案名命名法则
  - ★ 注意力法则：吸引大众的眼球，从而达到吸引注意力的作用。
  - ★ 明确定位法则：反映出项目的产品定位，达到直指目标的效果。
  - ★ 展示特色和核心优势法则：能直接表明或间接暗示出产品的特色和优势。
- ◆ 项目案名命名方法
  - ★ 产品定位暗示 ★ 地段优势传递 ★ 社区规模传达 ★ 物业功能属性传达
  - ★ 目标客户价值观迎合 ★ 案名本身就是广告 ★ 给人深刻的第一印象
  - ★ 通俗上口，音节搭配和谐

开发阶段:　　　　　　　　　　　年　月　日——　年　月　日

总结与提升:

第七部分　项目规划设计标准化

7.1　项目方案设计流程标准化

规范设计流程的各个阶段是产品品质保障的关键

01　规划、景观等各专业齐头并进
- ◆ 现在，在规划设计阶段、甚至在方案设计阶段，就开始做规划、建筑、策划、景观、室内各项设计"齐头并进"。设计流程的变化对开发商的统筹、整合、集成能力提出了更高的要求。

02　方案设计决定销售及成本
- ◆ 方案设计一方面直接决定了项目是否符合目标客户的需求，也就决定了项目未来的销售难易程度；另一方面直接决定了约70%建安成本的支出，关系到项目的成本、利润测算。

03　开发商应全程掌控方案设计成果
- ◆ 虽然规划设计品质保障的主体是设计师和设计公司内部管理，但在开发过程中，开发商仍然需要始终保持清醒的头脑、坚持成熟的理念并进行有效的控制。对待这个问题，任何无知和无所用心都将导致产品品质的下降。

04　规划设计决定产品品质
- ◆ 规划设计的品质直接决定产品的品质，因为产品的开发理念和水平是通过规划设计得以实现的，并以此作为施工的依据。

7.2　项目方案设计任务书内容要点

01　项目基本情况
- ◆ 项目位置、占地、地形、生态环境、配套等周边状况及优劣势分析。

02　项目定位
- ◆ 客户定位、产品定位（物业类型、产品组合、户型特点）、形象定位、价格定位。
- ◆ 结合项目特点、强化核心概念，为客户营造居住氛围。

03　项目经济技术指标及户型配置、配套设施建议
- ◆ 土地面积、土地用途、建筑容积率、建筑覆盖率、小区绿地率、建筑后退红线。
- ◆ 计入容积率的总建筑面积、住宅建筑面积、商业建筑面积、其他建筑面积。

开发阶段：　　　　　　　　　　　　　　　　年　月　日——　年　月　日

总结与提升：

其他建筑面积包括：

    ★ 幼儿园 ★ 物业管理用地 ★ 公厕 ★ 文化活动站 ★ 老年人活动站

    ★ 社区健康服务中心 ★ 社区管委会 ★ 邮政所

◆ 机动车停车设置标准、住宅车位户数比、商业车位户数比。

04 产品比例

◆ 各建筑形态建筑面积比（联排别墅、花园洋房、多层、小高层、高层等）。

◆ 不管方案如何调整，应保证住宅类型比例变化幅度不超过 5%。

◆ 建筑形态配比中，坚持不变的物业类型、可调整的物业类型说明。

◆ 对于可调整的物业类型，说明调整后相应的户型配比的变化原则。

◆ 项目空间布局

    ★ 产品在空间中的占位，整体考虑到朝向、采光、景观等众多因素，力求体现户型的"均好性"。

◆ 交通组织

    ★ 人行和车辆行进的道路规划，有效实现组团之间的便捷联动，同时还要兼顾景观展示。

    ★ 尽量避免噪声和汽车尾气对居住的影响。

05 住宅产品基础指标

◆ 各建筑形态建筑高度或层数

◆ 层高

◆ 如有以下情况，层高按实际情况确定：底层地坪局部降低的、厅或卧室跨层设置的、顶层利用了坡屋顶空间的。

◆ 项目建筑外立面

    ★ 建筑外部的构建造型

    ★ 用材用料

    ★ 色彩

◆ 项目景观设计

    ★ 园林景观风格

06 停车方式

◆ 商业停车方式。

◆ 根据地势的情况，布置地面停车、半地下停车、架空层停车、人防停车、地下停车。

07 户型配比

◆ 总体各住宅类型建筑面积比例。

◆ 总体户型套数比。

◆ 户型设计要求。

类型	户型	面积（m²）	套数估计	套数比例	备注

总结与提升：

◆ 各户型功能房间面积、开间和必配家具

功能构成	最小使用面积（m²）	最小开间净尺寸（m）	必配家具	备注

◆ 户型附加值提升点
    ★ 入户花园　★ 超大阳台　★ 落地飘窗

08　居住空间设备布置

◆ 各房间主要设备配置表

户型	房间名称	空调机		电话接口	网络接口	备注
		壁挂机	柜机			
三房一卫	客厅		●	●	●	

◆ 厨房设计原则
    ★ 厨房中主要设备应按洗、切、炒的顺序流程布置，台面净长总和和操作台面的实际长度按最小功能布置。
    ★ 户型套内的冰箱设置位置。
    ★ 厨房开间净尺寸充分考虑厨房橱柜布置的需求，单面布置、L形布置、双排布置。
    ★ 设置服务阳台，不得影响厨房内L形操作台面的必要长度和使用方便。

◆ 厨房设备配置表

户型	星盆	操作台面净长度	设备预留位				
			炉灶	排油烟机	消毒柜	微波炉	冰箱 W × S
三房一卫	单盆	≥ 700mm	●	●		●	≥ 700mm × 650mm

◆ 卫生间设计原则
    ★ 洗衣机位的设置：户型中洗衣机可考虑设置于卫生间、厨房或者单独的洗衣空间中，阳台可以考虑设置洗衣机位。
    ★ 卫生间功能尽可能按照两分离式卫生间的原则进行设计。
    ★ 洁具设备配置表

卫生间	柱盆	台盆	坐便器	淋浴间		浴缸	洗衣机	热水器
	S ≥ 600mm	S ≥ 900mm	—	≥ 800mm × 1200mm	≥ 1000mm × 1000mm	S ≥ 1500mm	650mm × 650mm	—
	●	●	●				●	●

◆ 其他套内空间
    ★ 入户门厅应设计鞋柜的位置，鞋柜需考虑女士短靴、长靴放置的需求。
    ★ 入户门设计应考虑室内私密性。

开发阶段：　　　　　　　　　　　年　月　日——　年　月　日

总结与提升：

- ★ 套内过道面积集约设置，可与餐厅、客厅等通道合并使用。
- ★ 壁柜型储藏空间的净深应不低于正常衣柜尺寸。
- ★ 书房成为独立的功能空间时，应至少考虑电脑书桌 1 张、墙面长度不小于 2m 的书架和休闲沙发椅 1 个的家具配置组合。
- ★ 工人房成为独立的居住空间时，应具备直接采光，至少应考虑 0.9m 宽单人床 1 张、0.5m 宽床头柜 1 个的家具配置组合。
- ★ 衣帽间成为独立的功能空间时，其使用面积应不小于 6m²。
- ◆ 公共空间——楼梯间开间
  - ★ 楼梯间开间净尺寸：2.40m　★ 楼梯梯段净宽：1.10m
  - ★ 楼梯踏步设计参数：踏步宽 270mm（层高 2.80m 分 18 步）
  - ★ 入户平台：净宽 1.40m（无电梯）　★ 休息平台：净宽 ≥ 1.20m

09　商业空间布局

◆ 商业具体面积表

商家种类		数量	面积（m²）	基本单位面积	面积比例	备注
超市						品牌大超市面积约 3000m²、小超市面积约 100m²
书屋						
宠物店						
餐饮	酒楼					1800m²，需要在地下停车场有直达的通路到达
	快餐类					麦当劳：350m²，1～2 层
	特色餐厅、咖啡厅、酒吧					
美容 SPA 健身中心						可以在 2～3 层
其他配套类单店						
总计						

- ◆ 特色餐饮：各地的特色美食、咖啡厅、酒吧等可集中做成美食区，布局上展开多层次、多方位的休闲空间，如花园平台、门前的休闲露天吧、特色木窗、宽大的玻璃橱窗等。营造与环境结合的特色餐饮区，扩大商业项目的辐射能力，吸引更多较远的客户过来。
- ◆ 综合配套类单店，包括银行、药店、美发、便利店、网吧、音像店、冲印、干洗等。
- ◆ 商业布局参考建议
  - ★ 购物休闲区、集中商业适于在广场附近。
  - ★ 综合配套区，配套类单店的商铺每间建筑面积在 30～50m²，面宽 4～5m，进深不超过 10m（综合配套区统一配置公共卫生间）。

开发阶段：　　　　　　　　　　　　　　　　　　年　月　日——　　年　月　日

总结与提升：

★ 餐饮区，前面设休闲广场及园林景观，商铺及楼顶平台预留大量的空间给商家设置露天台用。特色餐饮的每间商铺基本面积为 $50m^2$、$70m^2$，相互间可以打通合并。

◆ 其他商业细节

★ 商业与住宅分开，独立管理。

★ 统一考虑商家的招牌位置。

★ 统一设计遮阳篷。增加商业气氛、解决商业西晒问题。

★ 商业部分车位要求。

◆ 排洪系统设计要求

10　方案设计原则

◆ 包括规划设计原则、交通组织原则、景观设计原则、单体设计原则、户型设计原则。

11　提交设计文件要求及进度安排

12　总体规划原则

◆ 满足城市设计要求

建筑总体布局、造型、色彩应注重城市设计，应充分考虑与周围地块的关系。

◆ 充分体现均好性原则

做到户户有景、户户有良好的朝向。

◆ 空间关系

合理处理建筑物与环境场地之间的关系。

◆ 有机组合与过渡

合理处理各种建筑空间的有机组合、过渡。

◆ 入口的展示作用

在总体布局时，应充分考虑入口空间的展示作用，集中体现项目主题、最大限度地展示项目卖点。

◆ 避免遮挡、利用内外部环境

住宅群体布置要避免建筑物之间的相互遮挡，要满足住宅对日照、间距、自然采光、自然通风的要求，要充分考虑对小区内部环境及外部远景的利用。

◆ 避免噪声影响

充分考虑地块周边噪声对本项目的影响，要提出合理的规划布置方案，避免或降低噪声对主要房间的污染，要尽量减少通过使用技术手段来降低噪声（会带来建筑成本的提高）。

◆ 经济性原则

总体规划要充分体现经济性原则，合理平衡土方量，控制地下室的合理面积，以降低建筑成本。

◆ 营销体验区前置

满足营销体验区提前展示、使用的需求，合理安排售楼中心、样板房、景观示范区、看房通道的规划布局及交通动线，符合提前施工、实景呈现的要求。

◆ 交通组织原则

★ 应注重处理小区主要出入口的位置，考虑公共区域与私密区域的关系，解决好区内各种流线（生活后勤服务、临时访客、消防疏散等）之间的关系，做到人车分流。

总结与提升：

> ★ 内部交通与消防车道原则上应在用地红线范围内解决，同时注意在规划设计要点要求的最小后退红线距离无法满足消防要求时，适当调整建筑物后退红线距离。
> ★ 保证消防通道与扑救面对坡度的要求。
> ★ 合理解决地形高差对行人在交通上造成的不利影响，考虑残疾人无障碍设计。
> ★ 住宅与车库之间建立方便的联系。
> ★ 合理解决配套公建设施的停车及交通疏散问题，将其对住区的影响降到最小。

13 景观设计原则

- ◆ 结合项目主题文化进行环境设计。
- ◆ 营造与众不同、具有冲击力的个性化产品。
- ◆ 把握小区环境重心，对景观主轴进行重点设计，最大限度地展示项目卖点。
- ◆ 处理好各种环境空间的有机组合和过渡。
- ◆ 注重景观细部设计，在组团景观节点、社区交通枢纽和局部小环境等代表产品细部方面，充分表现产品的精细度、质量和档次。
- ◆ 多层次的立体景观设计。

14 单体设计原则

- ◆ 结合项目主题文化确定建筑风格。
- ◆ 充分发挥色彩与材料质感的装饰作用。
- ◆ 多层次、多角度地体现人性化住宅设计。
- ◆ 建筑屋顶及山墙面要作为重要的景观元素来进行设计，特殊位置的住宅要进行独立设计，作为一个重要的景观元素重点处理。
- ◆ 建筑设计要结合结构、设备专业统筹考虑，住宅室内空间无突出墙面的梁柱，建筑物的主要外立面无突出的设备管线。
- ◆ 住宅公共前厅尽量要有自然通风的设计，避免封闭式走廊的压抑与不安全感，并减少机械通风排烟的经济投入。
- ◆ 住宅底层要设计具有一定高度的入口大堂，其设计风格应表现出高层次的文化品位与项目的主题定位相吻合。
- ◆ 细部设计是支持产品档次的关键之一，设计方案要对其充分重视，对建筑物的近人立面、窗户、阳台、花槽、空调机位等构件均需仔细考虑。
- ◆ 空调机位的位置设置需要避免住户开空调对于楼上、楼下邻居的噪声干扰。
- ◆ 售楼中心的外立面设计与总体建筑风格协调一致。

15 户型设计原则

- ◆ 住宅设计要紧密结合本地块的策划要点，设计中要有核心性的基本思路，在保证平面方正实用的前提下，要有所突破和创新。
- ◆ 户型设计应规避周边不良景观的影响，对来自用地周围交通干道的交通噪声也应有足够的防噪措施。
- ◆ 遵循景观均好性设计原则，对于景观较差的户型要通过户型创新或提供更多的退台花园等方式给予其他补偿。
- ◆ 满足住宅舒适性要求，每户拥有良好的自然采光、通风条件；起居室、主卧室视线开阔；保证至少一个主要的功能房间朝南、东南或西南；无暗厨、暗卫出现；每户

开发阶段:　　　　　　　　　　　　　　　　年　月　日——　　年　月　日

总结与提升:

之间避免视线干扰，保证住户的私密性；提高住宅的实用率。

◆ 平面设计要求简洁性（无过分凹凸现象，结构形式简洁，以利于地下使用率的提高）、可改造性（结构体系提供可以根据不同使用要求自由分隔、灵活组合的可能性）、系统化（户型设计中应保持不同面积户型的开间比例，做到户型设计的系统化）、实用率（充分有效地利用户内空间、交通流线简洁、提高住宅的实用率）。

◆ 根据不同的总图位置、景观轴线进行不同的户型设计。在适当位置可以考虑特殊户型的设计，如复式、跃层、架空层花园的设计方法，做到户型设计形式的多样化和户型结构层次的丰富性。

16 平面设计原则

◆ 各户型功能房间如起居室、餐厅、主卧室、次卧室、厨房、卫生间、衣帽间、酒窖、影音室、SPA、储藏室的面积、开间和必配家具，销售部要明确提出合理设置需求。

◆ 户内要有合理的功能分区，公共活动区、适度交流区、私密区等各区功能，不能简单化地进行分离，要尽量汲取现代集合住宅发展的一些新精神，探讨户内各个组成空间的有机组织。

◆ 套内交通组织顺畅，不穿行起居室、主卧室等主要功能空间。

◆ 起居室、餐厅、厨房配置紧密协调，设置入户过渡空间。

◆ 除厨房、卫生间外，平面空间应尽可能可以根据不同使用要求自由分隔、灵活组合。

◆ 大户型设计中应充分考虑主人、客人以及保姆的动线，使之尽可能合理、方便使用。

◆ 气候炎热潮湿的地区，户内尽量能够形成空气的对流。

17 空间组合原则

◆ 底层户型需结合地形，设计室外私家花园，保证住户的私密性，同时须考虑日照条件。

◆ 顶层户型可考虑设计屋顶花园。

18 各功能空间的设计要点

◆ 阳台——每户应设置两个阳台，分别为生活阳台和工作阳台，洗衣机放在工作阳台上，阳台应结合户型面积大小，对其位置、尺度、比例进行选择。

◆ 室外平台——对于住宅挑台、退台和屋顶平台，立体绿化一定要纳入设计。

◆ 主卧室应充分考虑衣帽储物空间和功能。

◆ 厨房应考虑与餐厅的联系及其形状、规模、设施的布置，同时考虑相应的电器插座位置。排烟采用集中的竖向排烟道。

◆ 卫生间内设置公卫设施淋浴间（主卫设置浴缸）、台式洗脸盆、坐便、机械排气装置，洁具的空间布置要使用舒适，并能充分利用空间。

◆ 卫生间设计原则：洁污分区和多卫生间设计在改善型住宅中已普遍应用。豪宅设计中，要做到三分离或四分离，主客分离，主仆分离。

◆ 特殊产品如海景度假房，可将浴盆放到主卧阳台上，客户很有购买冲动。

◆ 老人公寓：在部分多层住宅适当考虑老人公寓概念，建议多层带电梯、无障碍设计、共享中厅、娱乐室、医疗保健室、小型厨房、户外活动硬地以及自助花园等个性化设计。

19 设备专业要求

◆ 管道、管线布置采用暗敷，布置合理；地上燃气管道及计量表应明装。

总结与提升：

◆ 立面尽量不设立管，设集中管井，位置合理、布管规整。

◆ 套内无排水立管穿楼板现象。

◆ 每户内应设有足够的电视、电话、电脑网络系统的定型接口。

◆ 水、电、燃气全部户外计量；燃气管由厨房阳台接入，燃气热水器位置均预留在厨房阳台，厨房阳台及安装热水器燃气表等的墙面应足够大，以满足设备要求。

◆ 水泵房、直饮水机房、储水池、水箱、游泳池处理机房、锅炉房、管道井的位置、面积、层高合理。

◆ 应设置电话光纤机房、宽带网络机房及有线电视放大器箱的位置。

◆ 变配电房应尽量靠近负荷中心，并考虑进出线方便。

◆ 空调机房应根据设备情况留足面积与空间。

◆ 发电机房的设置应综合考虑环保要求、进排风方便及对建筑立面的影响。

◆ 强弱电竖井应尽量分开设置，其净空面积应满足使用要求。

◆ 每户内设可视对讲系统，并预埋防盗报警系统的保护管。

◆ 各栋楼屋面泛光照明及室外照明应留出足够的容量。

20 商业业态

◆ 注意位置和面积的划分，确保能建，更要能卖、能用。

21 提供资料

◆ 提供五套从不同角度透视的效果图，供广告设计、项目宣传使用。

◆ 设计方案成果要求。

7.3 项目战略定位及物业发展建议

01 项目概况及项目特点分析

◆ 地块内部情况

◆ 地块外部情况

◆ 开发商品牌以及运作能力的客观判断

02 房地产发展背景研究

◆ 宏观经济政策背景及发展趋势研究，对房地产的影响判断。

◆ 区域房地产市场供需、价格走势研究，以及对未来房地产市场发展的判断。

03 项目竞争对手（周边及同类型物业）市场定位调查

◆ 有重要参考意义的竞争对手

★ 项目概念　★ 主题特点　★ 规划设计　★ 立面造型　★ 户型面积及比例
★ 配套设施　★ 装修情况　★ 售价情况　★ 目标客户　★ 营销与卖点
★ 项目成败简析　★ 产品组合　★ 预备货量　★ 推售时间　★ 价格优惠等

开发阶段：　　　　　　　　　　　　　　　年　　月　　日——　　年　　月　　日

总结与提升：

04 **其他城市可借鉴优秀案例调查分析**
  ◆ 提出与本项目的可类比性，解析成功关键因素对于本项目的借鉴意义。

05 **关于本项目客户定位（重点论述）**
  ◆ 项目 SWOT 分析。
  ◆ 目标客户群分析，调查现有人群及结构分类
    ★ 年龄 ★ 工作 ★ 可支配收入 ★ 置业目的 ★ 受教育程度 ★ 居住特点（租房或购房）★ 居住面积 ★ 房屋类型 ★ 接触媒介等
  ◆ 目标客户群分析，群体购房意愿及潜力
    ★ 意愿购房时间 ★ 位置 ★ 面积 ★ 户型 ★ 朝向 ★ 价格 ★ 付款方式 ★ 装修偏好 ★ 房内配套（如衣帽间、阳台）★ 交通教育娱乐偏好
  ◆ 竞争项目购买客户群特点调查
    ★ 年龄 ★ 身份 ★ 工作 ★ 原居住情况 ★ 价格承受力
    ★ 主要消化户型及面积等背景资料 ★ 购买竞争项目原因等
  ◆ 客户定位（结论），细分客户，寻找目标购买群体
    ★ 年龄 ★ 受教育程度 ★ 可支配收入 ★ 原居住情况（位置、户型、面积、租用或自购）★ 居住习惯 ★ 生活特点 ★ 消费偏好
  ◆ 目标客户群关心的问题，汇总目标客户特征与需求。
  ◆ 项目产品定位
    ★ 物业类型
    ★ 产品组合
    ★ 户型特点

06 **项目主题定位**
  ◆ 项目形象及发展理念，符合市场需求和客户偏好。
    ★ 形象定位、发展理念，如郊区化、便利、尊贵。
    ★ 主题及概念：体育主题 水城主题 休闲小镇 温泉养生 旅游度假 文化社区宗教文化（例：南山大佛带动山东龙口开发）等。

07 **卖点提炼及主要借鉴项目**

08 **项目档次定位**

09 **项目规划楼体型态组合建议**
  ◆ 说明高层、小高层、多层、洋房、别墅、商业、公寓、酒店、写字楼建议与组合比例。
  ◆ 项目空间布局建议
    ★ 产品在空间中的占位，整体考虑到朝向、采光、景观等众多因素，力求体现户型的"均好性"。
    ★ 一般情况下，在资源匮乏的空间里安排普通产品，在优质资源区打造高端产品。
  ◆ 交通组织建议
    ★ 人行和车辆行进的道路规划，有效实现组团之间的便捷联动，同时还要兼顾景

总结与提升：

观展示。

★ 尽量避免噪声和汽车尾气对居住的影响。

10 项目楼体型态内户型及面积建议

◆ 户型功能、户型面积说明、户型套数配比、户型面积配比、户型在各楼座排布说明。

◆ 最大化提升项目户型价值点的建议。

   ★ 提升居住的舒适度，减少面积浪费，最大化地利用室内空间。

   ★ 提升户型的附加值，主要体现在面积赠送上。

     ● 入户花园

     ● 超大阳台

     ● 落地飘窗

11 小区商业面积及商业功能设置建议

◆ 说明功能及面积。如满足小区自身需要或外向型的，属铺面式、商场式、街区式或其他类。

12 项目配套标准建议

◆ 会所功能

◆ 物业管理要点

◆ 配套设施

   ★ 车位配置数　★ 教育（是否需要设置幼儿园、中小学及其规模数量等）

   ★ 交通设置（是否设置住户车、公交线引进等）

   ★ 娱乐（会所及面积及其他娱乐功能及设施）

   ★ 医疗或健康设施　★ 银行　★ 邮局

13 项目规划设计要求

◆ 在实现容积率的前提下，规划设计特点要求（与项目整体概念吻合）。

14 项目结合规划设计，提出分期开发建议

◆ 分期数及原因说明，分期时间安排。

◆ 各期占地面积、建筑面积及户型与比例。

◆ 各期之间的关联、各期施工及销售时间。

◆ 首期土地情况、首期施工的便利性、首期销售的利好因素。

15 项目结合规划设计，提出体验区建议

◆ 包括售楼中心、样板房、景观示范区、看房通道选址等与规划设计要求的结合。

16 项目建筑风格建议

◆ 建筑外部的构建造型

◆ 用材用料

◆ 色彩

总结与提升：

17 项目景观设计要点建议

◆ 园林景观风格

★ 中式园林风格 ★ 欧陆园林风格 ★ 地中海园林风格

★ 美式园林风格 ★ 东南亚园林风格

◆ 展示建议

★ 园林风格 ★ 小品创意 ★ 营销中心 ★ 样板房装修风格

18 项目价格建议

◆ 预计整体均价，项目总销售收入

★ 各类产品价格特点及总价控制

★ 说明各类总价的控制比例

★ 各期价格

◆ 成本与盈利测算

★ 说明在既定容积率条件下，建议产品组合的获利情况，并辅助以其他产品组合的获利情况说明建议产品组合的适应性。

★ 分析时可参照以下表格

功能	高层	小高层	多层	洋房	别墅	商业	车位	合计
容积率								
面积								
比例								
开发成本								
销售均价								
项目利润								
总容积率								

★ 经济效益评估表

经济指标	单位数值	项目总额（万元）	备注
销售收入			
开发成本			
总投资			
项目利润			
净利润			
内部收益率			
销售净利率			

19 成本控制要求

◆ 基于预期售价说明整个项目的成本控制范围，使之满足项目效益要求。

总结与提升：

7.4　规划设计方案评审要点

01　**城市分析**

◆ 城市人口：数量、GDP、城市化率、人均可支配收入、存款。

◆ 城市主要产业：工业、农业、服务业、旅游业、IT。

◆ 城市特色：山水、海、湖、历史古迹、交通枢纽、气候等。

◆ 城市规划：政府搬迁、交通设施建设（如地铁、火车、机场等）、新城区、大学。

02　**地块所属区域分析**

03　**竞争城市及区域分析：目标客户所能购买的城市及区域**

◆ 同等条件的区域大城市周边的卫星城。例如：海洋和乳山的比较关系；烟台和威海的比较关系；龙口和海洋、乳山的比较关系。可供客户选择的区域较多，分析优劣势。

04　**竞争楼盘分析：参考市场调查模板**

◆ 可参考案例、同等地段、类似项目、主流热销产品、滞销产品、主要产品形态、分析开发策略、营销展示及推广、示范区、样板区、物业、销售人员等。

05　**开发商的项目需求：项目在企业中的定位不同开发的要求不同**

◆ 开发商背景：如建筑型、投资型、外贸型等。

◆ 投资金额：投资金额的多少决定产品的推出数量及规划的产品线不同，投资金额较大可用来做较大规模的体验区及组团；投资金额较小则规划尽可能考虑快销的产品线市场抗性小的产品，以利于资金回笼。

◆ 销售价格：销售总体价格因开发节奏和销售周期不同而不同，一期应以低价优势产品入市，以利于形成较好的市场口碑。

◆ 销售周期：超过 5 年以上应充分考虑市场的变化，配合以规划组团，以不同的产品组合确保在未来的市场发展过程中有比较好的投资回报，时间越长产品线越丰富，容积率也会根据销售周期采用不同的组合方式，越往后期一般而言容积率越高。

◆ 开工面积：一期体验区包括会所可兼作售楼中心、样板房、小区主入口、景观示范区、自然景观体验区（如自然的山、自然的水等）；第一组团启动区，多以满足快速回笼资金、符合甲方以往开工面积为主，快速形成第一组团，成熟一期交工一期，不宜过大，根据企业实力可选择不同的开工面积。别墅 50 栋以内，洋房、小高层等产品 3 万 ~ 10 万 m^2 不等。

06　**产品组合建议**

◆ 提出有市场竞争力的产品线及产品组合：如用多层组团与竞争对手的小高层竞争，用小高层与竞争对手的高层竞争，用集约型套三房与竞争对手的大套二和舒适性套三竞争，用赠送空间、创意空间、赠送装修、赠送配套等与竞争对手竞争。

◆ 根据投资及开发节奏、开发面积的要求分出组团规划。

◆ 根据开工顺序优先布置体验区：包括售楼处（参看本书"8.3　售楼中心设计控制要

开发阶段：　　　　　　　　　　　　　　　　年　月　日——　年　月　日

总结与提升：

点"）、样板间（参看本书"8.4 样板房设计流程标准化"）、园林展示、物业服务体验、自然资源体验区并预留出充足的车位以及活动场地，体验区的选址及具体做法参考《房地产开发标准化日志》中景观设计要求。

7.5 社区规划及建筑评价体系

01 社区规划评价的要素

◆ 规划评价体系

评价内容	权重比例	评价要点	评价标准
利用自然地形		对自然地形的尊重性、利用性	充分尊重自然、生态环境
功能分区		分析外部环境资源、交通动线、人流、内部地形等因素，设置商业、居住等功能分区，以及对于不同功能分区内的建筑形态的细分设置的合理性	功能分区与资源的适应性强、建筑价值与地块价值匹配好
建筑形态		在满足容积率的条件下，所采用的建筑形态组合的合理性，别墅、洋房、多层、小高层、高层的比例等	建筑形态的接受程度高、价值性强
建筑密度		建筑密度影响的居住舒适性	建筑密度合理
日照系数		日照舒适性	日照充足
交通组织		人行、车行、人车共行交通组织的和谐性	和谐、安全、高效的交通组织
车位比例		满足居住车位使用的功能性	有适度的超前性和可扩展性
景观轴线		主景观轴线的价值感	对社区整体景观的贡献率大
景观主要节点		景观主要节点的均好性	对整体景观的贡献率大，均好性强

◆ 建筑评价体系

评价内容	权重比例	评价要点	评价标准
建筑人文		与地域文化的结合、建筑寓意、风水	符合地域文化、寓意好、讲风水
建筑立面风格		结合客户群需求及审美偏好设计	符合客户群审美偏好
建筑造型		建筑底部、中部、顶部造型与风格的匹配性	体现立面风格的丰富度、纯粹性
建筑层高		影响居住舒适性	适宜的层高
建筑立面装饰		影响建筑立面风格、品质的元素	起到画龙点睛的作用
建筑立面材质		影响品质及风格的实现性	为建筑风格实现提供支撑
立面空调机位		建筑立面细节，影响居住后的立面效果	空调机位实用性、隐蔽性
立面落水管		建筑立面细节，影响居住后的立面效果	落水管的隐蔽性
立面构件		立面构件对未来使用私搭乱建的约束	不为私搭乱建提供支撑

总结与提升：

02 户型设计评价的要素

◆ 户型评价体系

评价内容	权重比例	评价要点	评价标准
户型面积/功能配比			
一层户数/电梯数		平面布局舒适性/居住使用舒适性	
公摊比例		公摊面积/建筑面积	公摊比例适度，既满足公共空间的标准，也避免浪费
户型通透		户型南北通风效果	南北通透
户型面积/功能		面积与功能之间的匹配度	户型建筑面积与功能相匹配
开间/进深		影响户型采光/布局	开间/进深适度，提高舒适性
动静分区		活动空间与休息空间的分区	活动空间与休息空间分区合理
洁污分区		卫生间、厨房与其他空间的分区	卫生间、厨房与其他空间分区合理
室内交通组织		交通动线顺畅、交叉性	室内交通组织集约、动线合理
空间利用率		空间布局合理性	室内浪费面积少
功能间面积		主要功能间面积配置合理性	各个功能间面积合理
全明设计		主要针对卫生间的通风性	全明户型
赠送空间		赠送面积及位置设置/实用性	赠送面积比例大及实用性强

◆ 户型评价体系——客厅评价内容及评价标准
  ★ 客厅朝向：客厅满足居住者对朝向的要求
  ★ 客厅采光：客厅采光好，明亮
  ★ 客厅通风：客厅自然通风，冬暖夏凉
  ★ 客厅视野/景观：客厅有较好的景观、视野
  ★ 客厅开间/进深：合理，有利于摆放家具
  ★ 客厅面积：面积适度宽敞，容纳居住家庭
  ★ 阳台设置位置：阳台设置在客厅，体现休闲功能
  ★ 客厅电视墙：电视墙完整
  ★ 客厅沙发墙：沙发墙完整
  ★ 客厅私密性：客厅私密性好，避免开门直见
  ★ 客厅开门数：围绕客厅的开门数少
  ★ 客厅梁：梁的位置设置合理
◆ 户型评价体系——卧室评价内容
  ★ 主卧室朝向 ★ 主卧室采光 ★ 主卧室通风 ★ 主卧室私密性 ★ 主卧室视野/景观
  ★ 主卧室开间/进深 ★ 主卧室面积 ★ 主卧室梁 ★ 主卧室衣帽间/柜
  ★ 主卧室卫生间门 ★ 主卧室卫生间面积 ★ 主卧室卫生间窗 ★ 主卧室卫生间布局
◆ 户型评价体系——厨房评价内容

总结与提升：

　　★ 厨房设置位置　★ 厨房通风　★ 厨房设置阳台　★ 厨房面积　★ 厨房开间 / 进深
　　★ 厨房烟道位置　★ 厨房燃气位置　★ 厨房橱柜布局　★ 厨房开门位置　★ 厨房顶柜布置
◆ 户型评价体系——餐厅评价内容
　　★ 餐厅设置位置　★ 餐厅相对位置　★ 餐厅面积　★ 餐厅开间 / 进深　★ 餐厅开门数
　　★ 餐厅净利用空间　★ 餐厅酒柜墙　★ 餐厅 / 客厅通透性　★ 餐厅私密性　★ 餐厅梁
◆ 景观评价体系
　　★ 景观与建筑融合性　★ 四季景观观赏性　★ 景观引入参与性　★ 景观视觉冲击力
　　★ 主入口景观

7.6　项目规划设计成本控制要点

　　成本控制要避免两种现象：一是不计成本地追求设计效果；二是成本不合理导致品质丧失。设计费只占建安成本的 1.5%～2%，但对工程造价的影响可达 75% 以上，合理科学的设计，可降低工程造价 10%。特别是扩初设计阶段对项目经济的影响达到 70%。

01　重要成本控制节点

◆ 市调报告、产品定位、概念方案 - 预测成本、户型设计、建筑形象设计、报批方案 - 预估成本、方案深化、施工图 - 目标成本、室内设计施工图、景观施工图、后期服务、效果评估、客户反馈、品牌地产策划、品牌产品推广、产品销售

02　设计阶段成本控制要点

设计阶段	控制要点	备注
设计单位选择	★ 推行设计招标，择优选择设计单位 ★ 建筑方案与经济方案相结合的设计招标方法 ★ 开展设计公司间的交流与竞争 ★ 合同管理，落实奖惩措施 ★ 设计周期控制和设计方案质量控制 ★ 设计费的合理取值 ★ 设计合同中设计院应承担的风险 ★ 限额设计合同的内容和应用 ★ 设计变更及修改的费用额度限制条款	成本部不断向设计师灌输节约成本的思想，协助设计师找到切实可行且较经济的方案，尊重设计师的意见，使设计师在工作中形成节约意识。自发地在设计工作中多考虑成本经济性并寻找降低成本的方法
规划设计方案	★ 项目定位方案，区域周边的市政状况、市场和产品的定位要求、主力客户群和户型配比等 ★ 专家会议评审制度，对设计方案和施工图、工程项目的结构形式、设计的合理性和安全性进行评估和审核 ★ 内部各阶段图纸审核制度化 ★ 工程、设计、成本、营销制定设计要求和设计任务书 ★ 明确装修标准，材料设备选型 ★ 提供可靠的工程基础资料 ★ 设计管理成本要点：地形的处理、产品的分布、交通的规划、流线的设计、停车的考虑、地库的规模、竖向的设置、景观的处理、资源的利用等	成本及市场的互动加上多方案比较形成完善的项目 SWOT 分析，如土地价值分析、管理界面分析、开放空间分析、竞争楼盘分析、主要成本分析、财务分析等。形成全员成本管理

开发阶段：　　　　　　　　　　　　　　　年　月　日——　　年　月　日

总结与提升：

扩初设计	★ 项目投资估算控制初步设计及概算 ★ 初步设计概算控制施工图设计及预算 ★ 合理分解和使用投资限额 ★ 融施工图设计与施工图预算为一体 ★ 严格控制设计变更 ★ 工程造价管理人员应与设计部门积极配合，及时提供可靠的工程基础资料 ★ 在满足规范的要求下，减少非可售部分面积 ★ 结构成本控制的关键点：处理好质量与成本的关系，明确剪力墙布置、数量、长度取值以及厚度取值；异形柱结构中应注意的事项；对勘察报告取值及建议的关注点；各种钢筋材料对成本影响的对比分析等 ★ 制定策划、设计、工程、销售的基准周期。成本管理根据项目的特性、定位制定设计成本目标，并分解列出分项工程清单。建设工程一般有总图及室外工程、商业及社区配套工程、市场配套工程如变配电、建筑主体、地下车库及人防工程、景观及绿化工程、会所或售楼处、室内装饰及样板房等，注意不要漏项，有些大盘还有市场工程、教育设施	成本和工程技术密不可分。建筑涉及非常广泛的材料设备、施工技术、建筑工艺等知识，与各类供应商及各个领域的专家接触，借助外力寻找降低成本的好方法
设计变更	★ 地下室砖外墙改为钢筋混凝土墙、基础土方、主体结构设计变更、外立面装饰提高设计标准、基础底板增加防水层、地下室混凝土增加膨胀剂、外墙增厚防水砂浆、增加防水卷材、组院增加围墙、铁门栏杆等 ★ 建设后期为提升项目品质增加的项目导致成本增加，如公共楼梯、电梯间的精装修、楼体增加木制作构架、景观增加软、硬景标准等等	

03 项目总体定位阶段

◆ 项目档次：根据项目实际情况，在进行了可行性研究分析后，将项目产品定位为高端、中端、低端、刚需、改善项目。项目档次的确定影响销售速度和财务成本。

◆ 主客户群：面向年龄段、家庭结构、居住区域、工作性质、职位、置业目的、收入情况、教育背景等。

◆ 物业类型：居住型、商用型、商住两用型；普通住宅、高档住宅、公寓、写字楼、别墅、洋房、合院等。

◆ 配套：根据当地规划管理部门要求，选择必须要配建的物业服务用房类型。配套的面积最小，位置最好放在地下、半地下或不利于销售的地方。

◆ 户型面积：户型面积定位适宜，不可偏大偏小。各类户型的比例和户型品质的标准适宜。数量适中，过多的户型增加整体运作成本。较多采用受市场欢迎的成熟户型。

◆ 装修标准：根据总定位，确定总的装修标准和装修档次。

◆ 景观标准：根据总定位，确定总的景观成本。

此部分改进与提高之处：

_____

_____

_____

总结与提升：

第八部分　项目体验区标准化

8.1　体验区认知要点

01　体验区就是房地产的样品

- ◆ 大规模生产之前，样品可以降低开发商的试错成本。
- ◆ 样品是开发商进行市场测试的最佳手段，避免大规模风险出现。
- ◆ 一线品牌开发商无不极其重视体验区展示效果对营销的贡献，又重视盲目夸张产生的售后投诉，龙湖、万科开盘即售罄，与之密切相关。

02　项目体验区设计的认知误区

- ◆ 二线品牌的开发商，看时叫好、投入较少。
- ◆ 还没有认识到体验区的真正价值，不了解体验区代表客户看到的项目品质，所以，学的时候也没有真正掌握其中的精华。
- ◆ 三线品牌的开发商，更像建筑商。
- ◆ 简单地认为只有盖起来房子才是最重要的事情，殊不知，体验区比泥土翻天的工地现场更能打动客户。
- ◆ 市场环境好，盖起来就可以卖掉的日子一去不复返了。随着竞争越来越激烈，这样的开发商受到的挑战越来越大。
- ◆ 项目到销售时才开始考虑设计体验区。
- ◆ 大部分开发商认为，体验区是销售时才需要考虑的环节。等到规划、景观方案都确定了以后再设计。
- ◆ 实际上，体验区作为开发系统中需要重点考虑的环节，应提前至规划设计阶段就提出明确的《体验区设计任务书》，对于体验区的选址、参观路径、售楼中心、样板房、景观示范区的位置提出要求，与规划设计、景观方案协同思考。
- ◆ 优先考虑体验区的选址、施工、开放，可以方便后期积累客户。
- ◆ 房地产的体验式营销。
- ◆ 体验式营销包括产品体验、环境体验和服务体验。
- ◆ 房地产的体验式营销一般是指对消费者形成全程体验。
- ◆ 体验式营销的重要营销工具。
- ◆ 售楼中心、样板房、景观示范区是塑造项目形象的首要场所，是房地产体验式营销最重要的组成部分。
- ◆ 感染客户，增强对项目的认同度。
- ◆ 客户通过参观售楼中心、样板房、景观示范区，能够提前体验到未来的生活场景。
- ◆ 有利于开发商确定合作单位、部品材料。
- ◆ 体验区不仅仅是给客户展示的平台，同时，完善体验区是全面展示合作单位的水平、磨合队伍、修正方案潜在不足、防止重大问题发生的最好机会。

总结与提升：

8.2 体验区选址规划要点

01 选址决策模式

◆ 吸引途径客源。在楼盘销售中，途径客源一般占相当大的比例，一些楼盘的成交客户中，途径客源甚至比传媒广告所吸引的成交客户比例还要大，而吸引途径客户的重要途径就是楼盘现场的包装。从这方面考虑，楼盘卖场应尽可能选在主干道或人流量密集的地方。

◆ 尽可能地利用规划中的建筑物。如会所、酒店、商业中心、学校、停车场等，先把项目整体规划中的"其中一域"做出来，并以规划中的水景、园林、广场等加以配合，形成一个极具冲击力的实景卖场体系，将未来的生活模式局部实地提前展现出来，这样产生的效果是临建售楼处无法比拟的。

◆ 楼盘形象方面的考虑。对于地块狭长或者地块较大的楼盘，要考虑放在哪个部位更能提升项目的市场价值或更能提高项目的正面形象。

02 选址原则

◆ 位置显眼，有利于展示项目形象，最好迎着主干道（或主人流方向），在进行营销活动时，易于吸引过往人流。

◆ 交通便利，有利于置业者快捷到达。人车都能方便到达，且有一定车位，最好也能方便到达样板房。场地扩充性较强，停车方便、交通疏通容易。

◆ 位置相对固定，与施工时序高度结合。营销中心位置要相对固定，与施工场地容易隔离、现场安全性高，不能因为施工时序的推进而经常变动。营销中心场地广阔或环境和视线较好，便于开展大型主题营销活动。

03 体验区选址规划要点

◆ 确定是否需要临时售楼中心和样板房。
  ★ 根据项目地块、工程进度、销售计划、成本预算决定是否采用临时售楼中心和样板房。
◆ 确定售楼中心和样板房的位置。
  ★ 根据交通情况、工程进度、销售计划、营销策略等决定售楼中心和样板房的总体位置。
◆ 考虑售楼中心及样板房以后的利用价值。
  ★ 如可以与会所等设施相结合的话，前期装修就考虑完善，便于销售完成后售楼处的继续利用，避免不必要的返工。
◆ 售楼中心是客户来访的第一接触点。
  ★ 应选择显眼及方便的位置，最好是主干道旁边。同时考虑在楼顶或旁边设置指示牌。
◆ 售楼中心的位置及体验区入口的设置应方便到达。
  ★ 应方便该项目辐射的主要区域客户直接到达，避免因下列因素造成的绕行，影响客户的体验感受：单行道，反方向车辆无法直接到达；沿途交通道路品质低；项目周边公交车、出租车站位置不便，导致参观客户步行时间过长。
◆ 考虑来访沿线环境对于楼盘的展示影响。
  ★ 对于项目辐射主要区域客户的来访路线，考虑沿线城市景观对楼盘档次的影响。
◆ 考虑来访沿线的广告设置。

总结与提升：

    ★ 考虑项目辐射主要区域客户的来访路线沿途路牌广告、交通指示牌的选定初案。

◆ 考虑外部环境对于项目的展示影响。

    ★ 考虑体验区范围以外的客户接触点的景观等整体效果，针对项目规划红线外市政道路绿化及管理现状以及相邻建筑的影响和干扰制定出良好的改善措施。

◆ 控制售楼中心和样板房对于项目施工难度的增加。

    ★ 控制因售楼中心和样板房的位置造成的施工实施难度及由此产生的成本增加及工程延期。

◆ 考虑客户在整个体验区内参观流线的舒适性和韵律感。

    ★ 从售楼中心到样板房及其他参观地方的路线布置及安排。针对客户在体验过程中眼、耳、鼻的感官效果进行有预见的、有主题的、有情趣的、有想象的装饰景观实施。项目专员实地感受声音、气味等不利因素对体验区开放的影响。注意客户的安全、舒适、经过道路的感觉。

◆ 样板房与售楼中心距离不超过400m，否则应配备电瓶车等交通工具。

◆ 体验区内的客户停车点应靠近售楼中心并相则独立。

◆ 体验区内停车位设置。

    ★ 应设置不少于20个停车位的专用停车场，并应考虑销售高峰期的临时停车点。

◆ 售楼中心和样板房的标高设置。

    ★ 售楼中心和样板房的地坪标高应高于室外道路标高600 ~ 900mm左右。

8.3　售楼中心设计控制要点

01　售楼处包装及室内外展示设计

◆ 室外展示设计包括：销售中心大门横眉、路旗、广告牌、绿化小品、围墙等。

    ★ 售楼部形象墙：包括项目的标志（或VI）、销售中心的形象墙（或门面、LOGO墙）等。其中形象墙是影响人的第一感觉的重要视觉因素，可以改变客户对项目的看法，因此设计必须大胆、新颖、有效，使整个售楼处焕然一新。

    ★ 对客户视线可及地墙面要进行美化和装饰，可以上裱喷绘，也可用色彩直接上绘。墙上的内容可以仅仅是楼盘的LOGO和售楼电话，也可根据其所在位置通过结合灯箱、广告牌来昭示和展示楼盘的形象和卖点。

    ★ 大门：一个物业的大门口，犹如人之脸面，你的全部的内涵、气质、神韵、品格，甚至小区的整体建筑风格，都首先通过它表现出来。它向全社会传达出该物业的第一直观印象。所以大门口的设计和装潢，是关乎全局成败的大问题，务必倾开发商之全力，按顶级设计和施工进行建造。

    ★ 工地围板：可以直观地显示开发商的实力、态度和责任心，同时可以表现建筑的规模、档次和水平。因此，要用好工、好料、好的宣传（企业标志和漫画），上面还要插精工制作的彩旗。

    ★ 样板房：是未来房屋成形之后的模拟，是整体建筑水平之代表，也是开发商企业理念之窗口和联系消费者的桥梁。样板房能推动和刺激人们最终下决心购买。精美装修的同时要注意不过分超面积、超标准装修，以免引起买家逆反心理。

    ★ 大门外路牌：路牌是一种版面最大的媒体，按传播原理来说，面积是和效果成

总结与提升：

正比的，面积越大，效果越好。而对于楼宇这种特殊的商品来说，路牌是最直观、最动人、最有气势的媒体，因此必须采用。

★ 指示牌：两种功能，一种是引导买家路向，二是塑造物业形象。

★ 盆景花卉：在售楼处大厅的各个角落，分别摆设，以增加视觉美感、清新空气和烘托亲切氛围。

◆ 室内展示设计包括：背景板、展板、功能牌、导视牌、售楼人员胸卡、售楼人员名片、绿化小品等。

★ 室内布置要高雅、清新、宜人，要动用一切手段渲染出旺气、平和之气（灯光、色彩、音乐、摆设、植物、展板等）。

★ 要有精美建筑模型（模型为小区规划模型和户型模型两种），通过立体效果，制造销售气氛。

★ 展示设计：展板更多的是告诉客户项目的优点，而不是创造抽象的、客户不明白的艺术作品。因此，展板设计应尽量体现项目的卖点，在艺术表现方面可以生动、形象、有适度的创意。对展板内容文案与数量包装进行策划。

★ 室内展板：制作精良的室内展板，可以予人赏心悦目的愉快感受，同时可以暗示出开发商一丝不苟的精神和亲切有礼的服务态度和上乘的水准。因此要用电脑喷绘等手段来制作。高档一些的可用玻璃或进口有机玻璃制作。

★ 售楼处导视牌：导视牌的设计首先是服务于客户，在设计方面与营销中心的颜色相称，同时体现项目的特色和内涵，对营销中心功能区进行指引。

★ 指示牌：如指示示范单位、指示洗手间的标牌。

★ 画有销售图表，显示销售实绩，激发购买者决心。

★ 要有销售专车，方便客户参观样板房。

★ 设立热线电话。

★ 设置购楼客户联络卡。

02 售楼中心设计控制要点

◆ 售楼中心土建工程设计要点

★ 售楼中心的外立面与项目建筑风格相匹配。直接表达项目的建筑理念和产品特征。确定售楼中心室内装修风格、装修标准。

★ 售楼中心符合项目的客户群特点，与可到达售楼处客户的数量、年龄、审美偏好等相符合，面积不宜过大，避免造成空旷，也不宜过小，否则满足不了接待需求。

★ 售楼中心与项目推广主题和调性相吻合。

★ 售楼中心内部功能布局与客户的参观动线相结合，有利于销售道具的使用。工作人员的动线尽可能隐蔽。

★ 动线：接待客户——整体环境沙盘模型讲解——项目沙盘模型讲解——谈客区了解项目户型——水吧服务——参观样板区及样板间——水吧、甜点服务——进一步了解户型，关注项目多媒体广告——签约服务。

★ 售楼中心的休闲空间外延。在室外设置休闲桌椅，可以让客户休息、洽谈的时候，能看到景观示范区，不断强化景观对客户的视觉冲击。

★ 玻璃幕墙横向龙骨是否影响到客户向外的视线。

★ 倡导节能环保，确保冬暖夏凉，给客户舒适的感觉。

开发阶段：　　　　　　　　　　　　　年　月　日——　年　月　日

总结与提升：

◆ **必设功能区域**

区域	功能	备注
入口门厅、LOGO 背景墙、接待咨询台、模型展示区		确定前台接待区的人数、区位、规划、户型模型的数量、尺寸
洽谈区		沙发组合套数、洽谈桌椅套数
财务收银区		要求位置相对安全，可设置收银台前室
签约区	认购签约区、合同签约区、贷款签约区	建议采用有隔断的形式，方便面对面服务，尤其针对网签的形式。签约区是否为独立空间、洽谈桌椅套数
置业顾问办公室		
营销经理办公室		
会议室		
储藏室	含置业顾问更衣间、化妆间	
公用卫生间	尽可能设置儿童专用洗手台、男士小便斗	男女卫生间的蹲位、小便池各 2 个以上，男女卫生间至少须有一个马桶，带扶杆
保安室		
保洁室	含拖布池，靠近卫生间但独立，并有保洁储藏室	
水吧区		
投影室		体验区，品牌体验区、影视体验区
工法展示区		
儿童娱乐区		
电话系统	前台 2 条、签约区 1 条、财务室 2 条、置业顾问办公室 1 条、营销经理办公室 1 条、吧台区 1 条、保安室 1 条	
网线系统	前台 2 条、签约区 3 条、财务室 2 条、置业顾问办公室 2 条、洽谈区地插 2 条、保安室 1 条。网络系统可设计为无线网络系统	
监控系统	售楼处出入口设置监视器一个（位置能兼顾售楼大厅）、财务室收银上方设监控器一个，控制设备设在保安室	
背景音乐	设置背景音乐系统，控制系统设置在吧台	
空调系统	空调系统的主机隐蔽风口，与天花造型吻合	

◆ **售楼中心室内装修控制要点**
   ★ 造价控制标准略高于定位，起到引导客户购买欲望的效果。
   ★ 设计师风格筛选、设计师已完成作品考察。
   ★ 与项目的建筑风格、客户定位相吻合。
   ★ 与项目的推广主题和调性相吻合。
   ★ 设置停止检查点以保证实施效果。
   ★ 通过设置停止检查点以保证装修（装饰）实施成果，并降低纠错成本。
   ★ 确定销售道具的位置和尺寸、销控墙的位置和尺寸。
   ★ 员工宿舍及辅助空间简装。

◆ **会所功能设计要点提示**
   ★ 酒吧、咖啡厅、西餐厅、西餐厨房、创意厨房 ★ 雪茄廊、佳酿廊、中餐厅
   ★ 卡拉 OK 室 ★ 阅览室 ★ 茶艺室（兼阅览室）★ 棋牌室 ★ 台球区 ★ 乒乓球室
   ★ 舞蹈室 ★ 瑜伽室 ★ 健身室 ★ 有氧单车教室 ★ SPA ★ 更衣室 ★ 多功能厅

开发阶段： 年 月 日—— 年 月 日

总结与提升：

★ 会议室 ★ 羽毛球室 ★ 网吧 ★ 儿童教学玩乐室 ★ 四点半学校 ★ 艺术美术馆
★ 儿童乐园或科技馆 ★ 补充要求 ★ 装修标准 ★ 风格建议、关键词

◆ 室外活动空间设计要点提示

    ★ 具有足够的营销活动展示空间以利于主要节假日和重要的活动节点举行室外活动时使用，根据楼盘性质和大小决定空间大小，除走廊及公共示范区外，人均 $0.5m^2$。

03　销售人员与物料筹备

    参照"第十一部分　专题说明"中"11.5 售楼处筹备专题"。

8.4　样板房设计流程标准化

01　样板房的定义

◆ 样板房是榜样，是居住生活方式的示范。样板房需要展示住宅可以提供的生活方式，但同时必须照顾主人未来的生活需要。

02　样板房选型原则

◆ 量大、设计有亮点，通过模型或者户型图难以表达、销售有难度。

03　样板房选址原则

◆ 主要功能房的景观视线较好，能突出项目卖点并符合项目营销策略；主要功能房与周边建筑无对视、无遮挡；若样板楼无电梯，则样板房所选楼层不宜超过 3 层。

◆ 临时样板房的位置摆放应由示范区景观设计师统一进行规划设计。

◆ 如交楼标准是毛坯房，通常不设交楼标准样板房，如交楼标准为精装房，则建议考虑设计交楼标准样板房，避免销售承诺与交楼标准不一致引起的投诉或纠纷。

04　样板房的包装

◆ 样板房是户型的示范单位。主要是让客户对所购买物业有一个直观的感觉和印象。

◆ 样板房设计包装的特点

    ★ 针对性。样板房的设计与楼盘的定位及销售唇齿相依，因此，样板房的设计必须与定位、卖点相关联、相呼应。

    ★ 展示性。样板房的展示性强于实用性。样板房的首要功能是配合销售，强调感观效果，而普通住宅的主要功能是用于居住。现在许多开发商希望样板房将来能卖给客户，所以要求将样板房做到又好看又实用。

    ★ 特色性。一个样板房必须有特色，让人记住；与众不同，让人耳目一新，甚至引起轰动效应。

◆ 样板房设计包装要求。样板房设计其实是户型结构的美化和再创造，强化自己的优点，掩饰其中的缺点，以便完美地展现在客户面前。因此，样板房设计的关键就是：扬长 -- 充分展示自己的优点；避短 -- 通过设计的手法来弥补户型的缺憾。

◆ 样板房设计包装关键因素：光、灯具、颜色和配饰。

◆ 商业项目样板房要充分展示商业价值大环境。

开发阶段：   年   月   日——   年   月   日

总结与提升：

05 看房通道的包装

◆ 看房通道的选择以保证线路尽可能短和安全通畅为原则。

◆ 要保证通道具有充足的采光或照明。

◆ 通道设计不影响施工组织，施工组织也不能影响看房者的通行安全。

◆ 对于特殊过道要有示范单位导视牌，必要时进行人性化提示，如注意佩戴安全帽；提示高低不平、顶梁过低等。

◆ 在通道较长的条件下，要做到移步换景，要丰富而不单调。

06 样板房设计控制要点

◆ 样板房风格与项目风格相吻合。
  ★ 样板房设计与该项目的建筑风格、客户定位、消费引导相吻合。
  ★ 与该项目推广主题和调性相吻合。

◆ 设置停止检查点，保障效果。
  ★ 通过设置停止检查点以保证装修、装饰实施成果，并降低纠错成本。所有造型完成但未上面材前、所有面材工作完成后。

◆ 突出户型亮点，弱化缺点。
  ★ 户型特点分析，亮点展示和缺点弱化，平面布局和立面造型的设计效果应超越客户对户型面积的期望值。

◆ 控制色彩深浅搭配。

◆ 展示期间户内门的门扇不安装。

◆ 衣帽间以开敞式为主。

◆ 公寓楼项目的橱柜可不做吊柜，以增大厨房视线尺度。

◆ 开关和插座
  ★ 临时样板房：室内的所有灯具开关由入口处一组开关控制，保留台灯和空调插座，取消其余插座。
  ★ 现房样板房：所有开关、插座按正常设计。

◆ 上、下水
  ★ 临时样板房不接上、下水，浴缸、马桶、花酒等厨卫设备只做放置安置；现房样板房的浴缸、马桶、花酒等厨卫设备按可使用标准安装。

◆ 室内装饰
  ★ 每个样板房的装饰策划一个故事和色彩主题，围绕主题进行氛围的营造。

◆ 室内家具
  ★ 装饰的家具及装饰品风格应与硬装设计及项目类型相符，并控制好品质、造型。
  ★ 家具尺度的控制，应匹配室内空间尺度，并体现室内空间宽敞，家具的数量控制合理。
  ★ 在家具制作过程中至少检查一次质量。
  ★ 尽量避免样板房内的固定家具由装修施工单位制作，应由家具厂制作或购买成品。

◆ 室内吊灯
  ★ 室内主要吊灯应控制尺度。

◆ 室内布艺
  ★ 布艺的使用应重点考虑关联性。

◆ 特色空间的打造

总结与提升：

★ 庭院、阳台及灰空间重点挖掘功能和设计。

◆ 样板房与目标客户喜好相吻合

　　★ 在设计样板房之前，需要仔细研究市场报告，判断业主的身份、年龄、家庭结构、喜好等等，然后有针对性地做设计。例如：一个四口之家，喜欢烹饪的女主人希望拥有一个开阔且功能配置全面的厨房，爱好品酒的男主人希望拥有一间酒窖，喜欢自制DIY的女儿希望拥有一个自己的工作室，调皮的儿子的最爱是足球。

　　★ 样板房直接引导客户产生购买欲望。

　　★ 样板房需要展示户型的各个功能，直接引导客户产生购买的欲望，其专门的户型设计及空间布局可供业主参考。

　　★ 样板房应给人一个真正的"家"的感觉。

　　★ 样板房不是简单的展示单位，样板房要营造一个真实的居家环境。各个房间布置、摆设，各局部的细节处理，都应给人一种舒舒服服住下来的感觉。例如，万科、龙湖等企业示例参考的样板房就包装得十分细致周到，厨房里冰箱、厨具、水果蔬菜、调味品、碗盆碟杯等一应俱全。这样，消费者一边参观，一边又不自觉地把自己融入居家的角色，很容易产生认同。

　　★ 大户型的样板房最重要的是主人房。

　　★ 一般来说，主人房是套房中最私密、最安静的部分，因此，其位置、朝向、床位摆放等都值得慎重考虑。

　　★ 样板房设计需要关注孩子的力量。

　　　● 别小看儿童房的设计，根据喜好设计有主题的儿童房，小孩子参观后一定会跟父母说："多好啊，爸爸妈妈买下它吧，买下它吧"。

　　★ 样板房设计需要关注妻子的影响力。

　　　● 在认同厨房和饭厅的设计以后，孩子的妈妈也会说："喂，老公，听孩子说吧，买下它吧。去售楼部问一问价钱吧"。所以应该重视太太与小孩子对购买房子的意见。

　　★ 而且，在做好样板间以后，应该听听消费者对样板房的反映，往往反映最多的是妇女和小孩。男人对房子的位置、大小、朝向、价格、交通比较关注。但是房子好不好用、厨房合不合理，妈妈与儿子有更多的发言权。

　　★ 买房不仅仅看丈夫的反应，太太与小孩的意见也很重要。要强调与众不同的风格表现，不但可以通过灯光效果和造型效果表现出来，也可以通过颜色与视觉效果表现出来。

07　公共空间设计控制要点

◆ 首层大堂

　　★ 沙发区　★ 接待前台　★ 告示板　★ 雕塑小品　★ 艺术画
　　★ 窗帘　★ 植栽　★ 空调

◆ 标准层大堂

　　★ 雕塑小品　★ 艺术画

◆ 电梯轿厢

　　★ 观光　★ 空调

◆ 装修标准

◆ 移交使用时间

◆ 客户定位

总结与提升：

    ★ 年龄层段　★ 职业背景　★ 教育背景　★ 生活形态　★ 居住理念
- 包装切合主题
  - ★ 可以给予各处以墙色、艺术、花园、浮雕、吊灯、壁灯、雕栏等，营造高尚品味，突出项目豪雅气派。从外到内、大到厅堂、小到每一个建筑细部，都力图包装出高雅非凡的效果，给人以奢侈的家居环境。
- 注重细节
  - ★ 充分利用每一个空间、角落。广泛使用指示牌、说明书，布置在走道、通道、门口两侧、转角处、栏杆上，说明方向、用途、材料、面积以及注意事项等。例如电梯间，明按钮旁嵌有可到达何处的参观指示，内壁上还挂有关于交接时所安装的品牌电梯说明以及电梯效果图。
- 电梯与通道、楼梯的包装
  - ★ 电梯要直通样板房所在的楼层，通往样板房的通道应整洁明亮，注意布置一些灯光、小展板、镜画及文字标识等，把通道也变成广告看板。

08　景观示范区设计控制要点
- 售楼中心附近的水景
  - ★ 在售楼中心附近或景观示范区设计水景，或大或小、或欢快或静谧。有水就有了灵气。
- 景观示范区的集中绿地
  - ★ 景观示范区内大面积的集中绿地，配合高大的乔木和灌木，气势如虹，给客户强大的视觉冲击力。同时，绿地还可以作为营销活动的场地，让客户在参加活动的同时，体验未来小区的生活场景。
- 五重景观体系
  - ★ 五重景观体系，通过别墅级的景观打动客户，在景观示范区、楼板楼的前庭后院，密植高大乔木、灌木、花灌木、花卉、草坪五重景观，要特别注重植物的层次和色彩的搭配，形成独特的立体绿化景致。
- 独特的景观小品
  - ★ 独特造型的景观小品，通过对小品的精心设计和摆放，体现景观的细致和用心。
- 布满鲜花的道路
  - ★ 花团锦簇的道路，景观示范区道路曲径通幽、开合有度，精心布置的鲜花不断触动客户最敏感的神经，让客户陶醉其中，流连忘返。

09　样板房土建施工控制要点
- 建筑户型分析，是否有优化之处
  - ★ 如是否有暗卫、空调位布置是否合理、平面及立面关系是否正确等。表现优点、弥补缺点，适当优化平面。
- 样板房的设计引导客户做适当的平面改动
  - ★ 但不能改动结构及外立面，也不能违反物业管理规定，避免引起客户误解，造成交房装修的管理问题。
- 临时样板房也要按交房结构展示
  - ★ 如临时样板房展示，应按实际交房时的设计结构进行展示（如梁、柱、管道等），在显著位置进行说明。

总结与提升：

- ◆ 优化户内标高关系
  - ★ 户内标高关系是否合理，如阳台、露台、卫生间的降板高度；户内楼梯与门窗的标高关系。
- ◆ 优化门窗洞口高度
  - ★ 门型窗型及其开户口方式的建议。
- ◆ 建筑外墙装饰效果建议
  - ★ 建筑外墙装饰效果、装饰材料及工艺的建议（含阳台栏杆、外墙面砖、石材、涂料、木作等）。
- ◆ 结构形式优化
  - ★ 结构形式是否合理，临时样板房建议采用砖混结构、钢架屋顶结构。
- ◆ 结构图与建筑图是否一致
  - ★ 结构图与建筑图是否一致，结构预留门窗洞口和结构板面标高是否与建筑图一致。
- ◆ 梁柱优化
  - ▲ 是否有现梁现柱等情况，是否有结构降板影响层高的情况。
- ◆ 设施设备优化
  - ★ 空调机位、热水锅炉、强弱电箱、天然气表、水表、燃气探测器、对讲门机、红外报警、紧急按钮等设计是否齐全（按配置标准）以及位置是否合理。
- ◆ 管线合理优化
  - ★ 阳台、露台、空调机位的地漏、排水立管是否设置合理，户内主要房间是否有给水排水明管，是否设置有管井。
  - ★ 冷热水管是否安装到位、预留预埋穿墙沿口是否设置（尤其是结构梁柱部位），尽量走天棚阴角明装（装修时吊顶处理），不得暗埋在墙体或地面内。
  - ★ 卫生间排气口设置是否合理，厨房烟道设置部位及止回阀开口方向是否合理。
- ◆ 样板房户型确定及完成面净空尺寸测算，轴线尺寸 -5cm 抹灰层。

8.5 体验区创新——手绘样板房

01 优点

- ◆ 省时、省力、环保、新鲜。
- ◆ 比起复杂的空间设计和家具摆设，手绘样板房更能将室内各功能分区直观地展现，让看房者自发产生对每个区域的视觉联想。
- ◆ 节省建材损耗，以最低成本的付出来达到最大的展示效果。
- ◆ 现在市面上的手绘样板房多走家居、时尚、小清新路线，不以华丽的装饰、浓烈的色彩呈现雍容华贵的装饰效果，而是尽最大可能在描绘生活场景的同时，还原最本质的生活感与空间感。
- ◆ 手绘样板房能给看房者带来新鲜感，看房的客户进入样板房第一件事不是看房子，而是在我们 3D 手绘图前摆姿势拍照。

02 缺点

- ◆ 太简单、没有实境感，还会被看房者认为开发商太敷衍，不肯花钱。

总结与提升：

第九部分　项目营销执行标准化

9.1　房地产项目开盘标准化

01　开盘应遵循原则

- ◆ 客观求实，密切关注市场。
- ◆ 大胆预测小心求证，预测、调整、再预测、再调整，反复论证。
- ◆ 超前思考，预先提出条件要求。
- ◆ 全公司参与。
- ◆ 理性推理，量化分析。

02　开盘流程

- ◆ 见 4.1 甘特图。

03　开盘条件

- ◆ 政府销售许可文件的取得
  - ★ 根据项目发展计划确定的开盘节点，制定政府销售许可文件取得计划。
  - ★ 密切关注工程进度及营销进展情况，严格执行计划，争取按期取得，并可考虑根据营销进展适当调节销售许可文件的范围。
- ◆ 良好的前期推广
  - ★ 前期推广的基本原则
    - ● 效率最大化原则
    - ● 产品价值信息充分展示原则
    - ● 有层次、有焦点的系统宣传原则
    - ● 宣传调性与产品档次匹配原则
  - ★ 前期推广的实施——媒体推广
    - ● 产品卖点挖掘
    - ● 广告主题提炼
    - ● 媒体组合
- ◆ 宏观政策调研分析
  - ★ 项目所在城市近半年或一年内有无针对房地产的金融、财税、国土、规划等政策出台。
- ◆ 区域市场调研分析
  - ★ 项目所在城市近一年同类型物业（住宅、商业、写字楼）成交套数、成交面积、成交金额、成交均价，并对趋势做出判断。
  - ★ 区域市场最新土地成交信息。
- ◆ 竞争项目调研分析
  - ★ 产品结构及特点
  - ★ 销售情况（成交套数、面积、均价等）

总结与提升：

★ 现时的成交信息
◆ 客户调研分析
  ★ 客户的需求情况（意向单位、意向价格）
  ★ 来源区域
  ★ 信息获取途径
  ★ 典型特征及消费习惯
◆ 示范区展示
  ★ 售楼中心：满足功能要求，利于营造现场气氛，一般利用会所。
  ★ 示范单位：展示未来生活场景，体现项目主题概念。
  ★ 样板房：产品交楼标准，分毛坯、精装修两类。
  ★ 园林展示：充分体现社区生活环境特点，一般围绕售楼处和示范单位等示范区开放。
◆ 公关活动
  ★ 活动方式
    ● 产品推介会
    ● 发布会（新闻、演讲等）
    ● 酒会（自助餐、表演等）
  ★ 活动目的明确
    ● 是要宣传品牌，还是吸引客户实地体验，抑或是单纯为增加现场人气等。
  ★ 活动主题
    ● 与项目概念相关：要使客户在活动时联想到项目，促进销售。
    ● 与目标客户匹配：不同类型的客户关注的活动不同，活动主题与目标客户相匹配，才能引起其关注以达到预期效果。
◆ 充分有效的客户储备
  ★ 客户储备目标
    ● 制定客户储备目标时，要结合预期开盘成交量和预期会达到的推广效果。
  ★ 客户储备周期
    ● 以 4～6 周为宜，不宜过长，避免客户流失。
  ★ 客户储备方式
    ● 不排序认筹、排序不选房认筹、排序选房认筹。
  ★ 客户分析
    ● 实际有效客户数量（≤认筹数）
    ● 储备客户的意向单位分布
    ● 储备客户的心理价位
    ● 储备客户特征调研（自身及消费特征）
  ★ 客户储备关注问题
    ● 惜筹如金，建立长期的客户储备模式，不要让客户轻易流失。
    ● 分期消化与长期储备的协调问题。
    ● 利用前期客户资源促进后期客户储备。

04　开盘决策的五大核心问题

开盘目标、开盘范围、开盘价格、开盘时间和开盘选房方式。

开发阶段：   年   月   日——   年   月   日

总结与提升：

◆ 核心问题一——开盘目标
　　★ 制定开盘目标需考虑的因素
　　　● 公司年度销售指标
　　　● 客户储备情况
　　　● 首次开盘要达到轰动的市场效应
　　　● 项目发展规模及周期
　　★ 制定开盘目标的方法
　　　● 假设公司年内同时发展多个项目，根据各项目的开发进度计划安排，预计各项目的开盘时间和销售周期。
　　　● 根据各项目的规模、产品类型、发展进度、销售周期将公司年度销售指标分解为各项目的年度销售指标。
　　　● 根据销售周期和市场淡旺季，预计A项目可集中开盘次数，并预计每次集中开盘的消化量。
　　　● 将A项目的年度销售指标分解为首次开盘指标、若干次集中开盘指标、日常销售指标三个分指标。
　　　● 根据开盘前客户储备情况对开盘目标进行修正和调整。
◆ 核心问题二——开盘范围
　　★ 确定开盘推售范围的原则
　　　● 最大化消化有效储备客户。
　　　● 通过模拟销控掌握客户需求的分布，在满足公司策略性"销售控制"的前提下，推售范围应尽可能与客户需求相匹配。
　　　● 最大化实现开盘目标。
　　　● 最有利于维持价格体系。
　　★ 确定开盘范围的方法
　　　● 初定推盘量。
　　　● 根据开盘目标和预期的开盘成交率反算开盘推售数量。
　　　● 初选范围。
　　　● 根据开盘目标，在内部认购期初选拟推范围，注意好、中、差单位的搭配，向客户重点推介拟推范围内的产品，并进行客户引导和分流。
　　★ 模拟销控
　　　● 对外公布价格范围后，对号入座进行模拟销控，分析客户需求，统计拟推范围内可能成交量。
　　★ 确定开盘范围
　　　● 对可能成交量与开盘目标进行比较，结合客户储备数量和模拟销控，对初选拟推范围进行调整，确定开盘范围。
　　★ 开盘加推计划
　　　● 加推条件、加推范围、加推价格、现场加推宣传口径、现场加推方式。
◆ 核心问题三——开盘价格
　　开盘价格是在综合考虑市场、成本、经营目标三个因素的基础上确定的。
　　★ 运用市场比较法初定均价
　　★ 确定不同阶段对外放价的范围
　　　● 前期推广阶段放价范围在初定均价的基础上，视情况上、下各浮动一定量作

总结与提升：

为对外放价范围。

- 认筹储客阶段放价范围根据认筹情况和客户对价格的反应，认筹期缩小放价范围。
- 认筹期末对外公布"竖向"均价范围并根据客户反应进行调整。
- 开盘前在竖向均价范围的基础上，对外公布各单位单价范围，并根据客户反应进行调整。

★ 在各单位单价范围的基础上，调整得出具体价目表，并计算出开盘均价。

◆ 核心问题四——开盘时间

★ 具体开盘时间的确定需考虑以下因素：
- 项目卖场条件具备时间
- 策略性避开主要竞争者或国家宏观调控政策
- 便于客户到场
- 天气因素

★ 开盘选房方式

◆ 核心问题五——开盘选房方式

★ 摇号选房
- 基本做法：开盘现场通过公开摇号（抽签）确定客户购房顺序，按顺序让客户进场选房。
- 储备方式：不排序认筹。
- 适用条件：比较适用于认筹客户数量较多的情况，客户数量与推盘数量之比一般不低于1.5。
- 注意事项：避免过多客户不到场而出现冷场的局面，注意整个操作的公正性与透明度。

★ 分组摇号选房
- 基本做法：将认筹客户预先分组，每组控制在 8～12 人，开盘现场通过公开摇号（抽签）确定各组别入场的先后顺序，同组内客户按交筹的先后顺序选房。
- 储备方式：不排序认筹。
- 适用条件：适用于客户诚意度非常高、供应需求数量都很大的情况。
- 注意事项：注意整个操作过程的公正性与透明度。

★ 排队（按到场顺序选房）
- 基本做法：预先告知客户开始选房的具体时间，按客户到场的先后顺序进行选房。
- 储备方式：不排序认筹。
- 适用条件：忠诚客户较多，容易在卖场形成人龙；客户心理不抵触此类方式；由于客户比较辛苦，在观望市场及高端项目中要慎用。
- 注意事项：对外说法要明确是客户自愿行为，我方之前没有预计到；注意在现场为客户提供便利服务，避免客户出现抱怨，相互之间发生纠纷。

★ 按认筹顺序选房
- 基本做法：在规定的开盘时间内，按客户认购筹码的先后顺序进行选房。
- 储备方式：排序不选房认筹。
- 适用条件：客户比较理性；认筹客户数量≤推盘数量。

总结与提升：

- 注意事项：注意通过房源推介鼓励后期客户交筹；注意开盘现场的气氛营造，刺激客户集中成交。

★ 按筹码对应房号认购（一对一）
  - 基本做法：客户认购的筹码与推出房源一一对应，开盘时客户只能选购筹码所对应的房号。
  - 储备方式：排序选房认筹（一对一）。
  - 适用条件：需求＜供应；高端市场较适合。
  - 注意事项：与客户的沟通至关重要，要保证客户对房源信息的充分消化；由于认筹时已进入实质性的房源推介阶段，要保证认筹单位的高成交率。
  - 开盘单位定价要与客户需求比较吻合，避免客户流失。

★ 按筹码对应房号认购（多对一）
  - 基本做法：开盘推出的单个房源与多个客户认购筹码（控制在5个以内）相对应，开盘时根据抽签确定客户购房顺序，客户只能选购筹码所对应的房号。
  - 储备方式：排序选房认筹（多对一）。
  - 适用条件：客户对房源品质有较高要求，需要进行房源推介，适当分流；对客户需求判断没有充分把握，需要保证推出房源的高成交率；需求＞供应。
  - 注意事项：与客户沟通，保证客户对房源信息充分消化；由于认筹时已进入实质性的房源推介阶段，要保证认筹单位的高成交率。
  - 注意整个操作过程的公正性与透明度。

★ 有意向认筹，尽快成交，开盘集中签约
  - 基本做法：客户认筹时在开盘推售范围内选定意向单位，在取得销售许可后尽快分别成交，开盘时集中签约。
  - 储备方式：客户认筹时在开盘推售范围内选定意向单位，在取得销售许可后尽快分别成交，开盘时集中签约。
  - 适用条件：需求≤供应；高端市场较适合。
  - 注意事项：客户认购筹码与意向单位对应，没有强制性，一个筹码可能对应1～3个意向单位；尽快分别成交主要是防止客户出现流失，减少不必要的集中储客时间。
  - 开盘集中签约形式非常重要，关键要提升人气，扩大影响力。

★ 选择开盘选房方式的基本原则
  - 成交客户最大化。
  - 营造热烈有序氛围以利于成交。
  - 具体开盘方式对有效客户数量的要求。
  - 关注客户感受（不同档次楼盘目标客户的消费习惯）。

05 开盘的组织实施

◆ 开盘组织安排
  ★ 开盘组织流程
    - 分区明确，责任到人。
    - 内外场紧密联系配合，控制销售速度，确保开盘目标在一定时段内完成。

总结与提升：

- 销控必须准确，坚决杜绝"一房多卖"现象。
- 签约必须及时，保证"销控一个、签约一个"。

★ 人员分工
- 开盘总指挥1人
- 突发事件处理小组人员若干
- 现场接待人员若干
- 热线接听2人
- 保洁人员2人

★ 排队等候区
- 导客人员1人
- 策划1人
- 物业保安2人

    职责：负责排队客户的现场秩序维护工作；
    　　　严格把关人流量的进入进出。

★ 签到处
- 服务人员2人
- 物业保安1人

    职责：审核认筹协议书、定金交纳收据、认筹卡、本人身份证；
    　　　客户进入选房等候区域后为客户排序，处理临时认筹客户问题。

★ 选房等候区
- 置业顾问若干
- 策划人员1人
- 物业保安2人

    职责：置业顾问安排客户就座等候进入下一环节区域；
    　　　保安维持现场秩序；
    　　　策划人员处理临时情况。

★ 销控、选房区
- 叫号人员1人
- 引导人员（置业顾问）3人
- 跟单人员若干

    职责：叫号人员依据客户排队顺序分组叫号；
    　　　引导客户进行选房，把控客户选房时间；
    　　　领取选房确认单，核对销控，选好户型后填写确认单；
    　　　引导人员把选好房源客户引导至认购书填写区；
    　　　引导放弃选房客户离开场地。

★ 财务区
- 财务人员2人
- 物业人员1人
- 跑控人员1人

    职责：财务人员审核房号确认单、《认购书》，回收《认筹协议书》，给客户
    　　　开认购收据、填写销控表。

总结与提升：

★ 签约区
  ● 策划1人
  ● 签约人员6人
    职责：跟单人员协助客户认筹转认购后，拿到收据，交给签约人员，签约人员与客户签订认购书。
★ 复核区
  ● 开发商盖章人员1人
  ● 认购书存档人员1人
    职责：开发商盖章人员复核认购合约折扣、单价、楼号、面积和总价，认购流转单和客户交付定金收据。收回认购流转单，在认购合约上完成开发商盖章；
    认购书存档人员将认购书（客户留存一联）、定金收据交给客户，认购书剩余两联进行分类存档，该销售日结束前，分别交至相关留有部门。
★ 退筹客户引导区
  ● 置业顾问1人
  ● 策划人员1人
  ● 专员1人
    职责：如有认筹客户放弃选房，则由置业顾问引导去该区，由专员询问退筹原因，积极引导客户到下批次房源认筹。
★ 临时认筹区
  ● 置业顾问1人
    职责：如遇客户开盘现场认筹，可引导其到售楼处及时沟通办理交款手续、签订认筹协议。
★ 礼品区
  ● 服务人员1人
    职责：客户选房成功后发放礼品。
◆ 人员培训
  ★ 销售培训：销售百问（统一对外说词），现场销售模拟。
  ★ 销售辅助培训：客户问答指引，工作流程模拟。
  ★ 物业服务培训：形象要求，服务动作要求，客户问答指引，现场服务流程演练。
◆ 开盘空间组织
  ★ 易于营造热烈有序的销售氛围。
  ★ 准确控制各区域的空间大小及形式，特别是销控区。
  ★ 交通流线一定要围闭、顺畅、尽可能不交叉。
  ★ 各工作区均预留工作人员通道，并确保各区按流程顺畅"接驳"。
◆ 销售流程中的关键点控制
  ★ 等候区——进入选房区的闸口处，注意控制节奏，要保证选房区内的成交效率及现场人气。
  ★ 选房区——准确记录销控，引导客户成交。
  ★ 收银区——客户付款处，注意收银的准确性和速度。
  ★ 签约区——客户签约处，注意签约的准确性和速度。

总结与提升：

★ 复核区——合约盖章处，避免销售出错的最后屏障。

◆ 开盘物料清单及落实

　★ 接待区

　　● 前台电话 ● 洗手间指示牌 ● 样板房指示牌 ● 派客价单 ● 规划平面图 ● 户型图 ● 电脑 ● 新客派筹区指示牌 ● 导流带 ● 空白筹纸 ● 签到区指示牌 ● 紧急疏散示意图 ● 认购流程指示牌 ● 图章 VIP纸 ● 交流电插座 ● 激光打印机 ● 彩球 ● 花饰 ● 门头布 ● 灯饰（礼仪公司提供）

　★ 轮候区

　　● 资料袋 ● 对讲机 ● 饮水机 ● 一次性纸杯 ● 食品 ● 椅子 ● 导流带 ● 轮候区指示牌 ● 合同 ● 认购书 ● 预售许可证展示板 ● 音箱 ● 降温保暖设备 ● 笔记本电脑 ● 音响设备 ● 麦克风 ● 开盘音乐 ● 主持讲稿 ● 主持台 ● 椅子 ● 销控板 ● 指示牌 ● 空白认购流程表 ● 纸条（传递最新销控单位给主持）● 销控区指示牌 ● 签约顺序号贴 ● 路址清单（填写筹号、流程员）● 电脑 ● 签约资料包

　★ 选房区

　　● 激光笔 ● 投影仪 ● 销控展板 ● 价格表 ● 房源表（销售人员人手一份）● 房号及时贴 ● 笔记本电脑（销控区、公布区各一台）● 宣传海报 ● 楼书 ● 认购书 ● 对讲机 ● 样板间鞋套 ● 户型单张 ● 多备签字笔 ● 便笺纸 ● 安全帽 ● 手电筒 ● 收款收据 ● 抽奖箱 ● 抽奖票号 ● 奖券票 ● 麦克风 ● 模型 ● 洽谈桌椅

　★ 财务区

　　● 保险柜 ● 验钞机 ● 刷卡机 ● 印章 ● 电子计算器 ● 订书机 ● 回形针

　★ 签约复核区

　　● 打印机 ● 多备签字笔 ● 资料袋

◆ 开盘促销策略

　★ 开盘促销的实质是通过某种形式刺激客户在短期内成交。

　★ 制定促销策略的基本原则

　　● 促销形式符合产品形象要求

　　● 保持现场人气

　　● 避免出现靠促销卖楼的市场形象

　★ 促销的基本形式包括但不限于：

　　● 内部认购（诚意金）优惠

　　● 付款方式优惠

　　● 抽奖（礼品、电视、车、房款、管理费等）

　　● 按期签约优惠

◆ 开盘信息发布

　★ 通过各种有效途径将项目开盘信息传递给市场，特别是储备客户。

◆ 突发事件的应对措施

　★ 天气变化类：如暴雨等，可在现场准备基本物件应急。

　★ 客户服务类：如客户银行卡无法划账，可提前安排专车及人员在现场随时准备陪同客户到附近银行取款。

　★ 客户投诉类：如客户激烈投诉、现场争斗等，可紧急安排VIP室隔离、快速处理，

总结与提升：

必要时提前安排公安人员在现场进行协调。

★ 现场包装违规类：如城管对开盘的宣传条幅进行收缴等，可要求包装制作公司提前协调好政府管理人员，同时安排相关人员在现场随时准备协调工作。

★ 后勤保障类：如停电、停水等问题的处理。

◆ 开盘实地演练

　　★ 开盘实地演练的基本要求

　　　● 全流程实地演练

　　　● 全体人员参与

　　　● 充分估计困难

　　　● 现场出现问题现场解决

　　　● 反复实地演练直至顺畅无误

06　开盘总结分析

◆ 要求在首次开盘后一周内做出简要明晰的分析评价，对项目后续的销售策略提出建议，并报营销策划中心。

　　★ 意义

　　　● 制定与调整后续销售策略的依据

　　　● 项目持续定位的依据

　　　● 项目价格体系调整的依据

　　　● 项目推广效果评估与调整的依据

　　　● 制定与调整项目发展策略及发展速度的依据

　　　● 项目规划设计调整的依据

　　★ 主要内容

　　　● 客户分析

　　　● 各户型成交情况分析

　　　● 销售目标评估

　　　● 销售定价评估

　　　● 营销策略评估

　　　● 后续推售计划和价格建议

07　开盘常见的主要问题

◆ 推广节奏与项目发展进度步调不一致，出现较大偏差，造成费用和客户资源的浪费。

◆ 对市场缺乏深入调研分析，流于表面。

◆ 市场数据陈旧，报告未能准确反映现时市场的真实情况。

◆ 重定性的感觉、轻量化的分析。

◆ 在客户储备过程中未设定初选推售范围，造成客户选择范围或过于散乱或过于集中，不利于确定开盘推售范围和客户分流。

◆ 开盘价格的确定缺乏分步测试、逐步聚焦的过程，造成无法准确判断客户的心理价位。

◆ 开盘组织流程不科学、不严密，造成现场氛围差、容易出错和客户流失。

◆ 不注重开盘总结，不能及时制定和调整后期的推售安排。

◆ 不重视售楼系统在开盘中的应用，不能实时掌握开盘成交数据。

开发阶段：　　　　　　　　　　　　　　　　　　年　　月　　日——　　年　　月　　日

总结与提升：

9.2 定价标准化

01 房地产项目的定价工作程序
◆ 收集整理市场信息及定价标的物的楼盘资料
★ 估计成本和需求
★ 分析竞争对手
★ 选择房地产定价的目标与基本方法
★ 决定楼盘的平均单价
★ 决定各期、各栋的平均价格
★ 决定楼盘垂直价差
★ 决定水平价差
★ 调整价格偏差
★ 确定付款方式

02 房地产价格的主要影响因素
◆ 成本因素 ◆ 竞争因素 ◆ 产品差异 ◆ 地产商的发展目标 ◆ 法律、政策因素

03 房地产项目定价目标
◆ 定价目标：开发商在制定价格时所要达到的目的和标准。
◆ 房地产开发企业的集中定价目标：以获取高额利润为定价目标、以投资收益率为定价目标、以保持价格稳定为定价目标、以应对竞争或避免竞争为定价目标。

04 房地产定价方法
定价方法是指企业为了在目标市场上实现定价目标，而给产品制定一个基本价格或浮动范围的方法，房地产企业的定价方法通常有以下四类：

◆ 成本导向定价法
成本导向定价是一种按卖方意图定价的方法。其基本思路是在定价时，首先考虑收回企业在生产经营中投入的全部成本，然后加上一定的利润。成本导向定价法包括以下几种定价方法：
★ 成本加成定价法
★ 目标收益定价法
★ 盈亏平衡定价法
★ 边际成本定价法
★ 售价加成定价法
◆ 需求导向定价法
所谓需求导向定价法是指以消费需求为中心，依据买方对产品价值的理解和需求强度而非依据卖方的成本来定价。需求导向定价法主要包括以下两种定价方法：
★ 理解价值定价法
★ 区分需求定价法

开发阶段：　　　　　　　　　　　　　　年　月　日——　年　月　日

总结与提升：

◆ 竞争导向定价法

企业为了应付市场竞争的需要而采取的特殊定价方法。竞争导向定价法包括以下几种定价方法：

★ 随行就市定价法

★ 直接竞争定价法

★ 倾销定价法

◆ 可比楼盘量化定价法

★ 针对许多楼盘均倾向于定性描述，尝试对楼盘定量描述的一种方法，通过对地段、价格、功能、用途、档次都相近的现楼、准现楼或楼花的定量描述，来确定本楼盘的价格的方法。

★ 样本选取原则：地段相近原则、楼盘成功原则、功能相同原则。

主要步骤：

● 定级因素、指标与分值

● 定级因素权重确定

● 楼盘定级公式

● 可比楼盘计算表

项目价格测算表（市场比较法）

比较项		比较参考权重	晶城		秀兰禧悦山		鑫隆嘉园		莱茵小镇		中冶爱彼岸	
			评分	算分	评分	算分	评分	算分	评分	算分	评分	算分
外部因素	区位所属	6%	100	6.0	80	4.8	100	6.0	90	5.4	95	5.7
	周边环境	6%	100	6.0	90	5.4	100	6.0	95	5.7	110	6.6
	教育、医疗配套	6%	100	6.0	85	5.1	100	6.0	85	5.1	80	4.8
	生活配套	6%	100	6.0	80	4.8	100	6.0	90	5.4	80	4.8
	交通配套	6%	100	6.0	85	5.1	100	6.0	90	5.4	85	5.1
内部因素	土地年限及剩余年限	5%	100	5.0	180	9.0	180	9.0	180	9.0	110	5.5
	项目规模	3%	100	3.0	180	5.4	30	0.9	60	1.8	90	2.7
	楼间距、采光	3%	100	3.0	90	2.7	120	3.6	110	3.3	110	3.3
	园林景观设计	3%	100	3.0	100	3.0	80	2.4	90	2.7	100	3.0
	户型功能及面积区间	5%	100	5.0	95	4.8	90	4.5	100	5.0	90	4.5
	户型设计创新	3%	100	3.0	97	2.9	97	2.9	100	3.0	95	2.9
	户型赠送空间	4%	100	4.0	160	6.4	160	6.4	160	6.4	160	6.4
	户型公摊	2%	100	2.0	100	2.0	100	2.0	110	2.2	110	2.2
	幼儿园配套	2%	100	2.0	160	3.2	100	2.0	100	2.0	100	2.0
	停车方式及数量	2%	100	2.0	150	3.0	140	2.8	110	2.2	110	2.2
	交房时间	4%	100	4.0	160	6.4	120	4.8	140	5.6	180	7.2
	工地建筑形象	2%	100	2.0	120	2.4	120	2.4	120	2.4	150	3.0
	交房、供暖标准	2%	100	2.0	120	2.4	100	2.0	100	2.0	100	2.0
品牌	开发商品牌	5%	100	5.0	100	5.0	70	3.5	70	3.5	120	6.0
	物业服务	5%	100	5.0	100	5.0	100	5.0	100	5.0	120	6.0
其他	售楼处展示	4%	100	4.0	105	4.2	70	2.8	95	3.8	100	4.0
	样板间展示	4%	100	4.0	90	3.6	0	0.0	0	0.0	0	0.0
	景观示范区展示	2%	100	2.0	80	1.6	0	0.0	0	0.0	0	0.0
	前期物业服务	2%	100	2.0	85	1.7	0	0.0	0	0.0	0	0.0
	广告投入	4%	100	4.0	130	5.2	80	3.2	110	4.4	130	5.2
	营销活动投入	2%	100	2.0	130	2.6	70	1.4	90	1.8	130	2.6
	蓄客周期	2%	100	2.0	150	3.0	130	2.6	150	3.0	150	3.0
总计		100%	100		110.7		94.2		96.1		100.7	
高层产品均价			6400		7700		7200		7000			
项目参考权重		100%	30%		20%		30%		20%			
参考项目算分			1735		1635		2248		1539			
本案参考均价		7157										

开发阶段:　　　　　　　　　　　　　　　　年　　月　　日——　　年　　月　　日

总结与提升:

项目销售价格测算

客户对总价承受能力分析

可承受总价范围	选择面积区间	可承受单价范围	累计	百分比
40万元以下	70m²	5700以下	3	1.2%
40～50万元	70m²	6400以下	36	14.0%
50～60万元	90m²	6100以下	56	21.7%
60～70万元	90m²	7200以下	91	35.3%
70～80万元	115m²	6500以下	34	13.2%
80～90万元	130m²	6500以下	29	11.2%
90万元以上	130m²	6900以上	9	3.5%

> 市场能接受的单价范围多在7000元/m²以下。根据市场同类楼盘比较测算，项目销售均价为7150元/m²。该测算均价下行线为7000元/m²，上行线为7300元/m²，实际销售均价可在该范围内调整。

> 目前市场环境下，开发区的秀兰禧悦山、青岛的中南世纪城项目均采用成本价销售，适应市场、确保项目成功和现金流平衡。项目如需要超过竞争楼盘的销售速度，则销售价格需要靠近，甚至突破下行价格。

05 房地产项目基本定价策略

◆ **房地产总体定价策略**

房地产企业总体定价策略一般有三种：

★ 低价策略——采用低价策略，一般以市场占有率为其主要目标，而营销利润往往为次要目标。

★ 高价策略——采用高价策略主要目的是在短时间内获取暴力，而市场销售量和占有率可能无法提高。

★ 中价策略——这种策略一般适用于房地产市场状况比较稳定的情况，凡地产企业希望在现有的条件下保持其占有率可采用此种策略。

◆ **全程营销过程定价策略**

房地产全程营销过程是指开发的楼盘或住区从预售开始到售完为止的全过程。

★ 全程营销策略一般有以下几种：

策略类型	含义	优点	缺点	适用范围
稳定价格策略	这种价格策略是指在整个营销期间，楼盘的售价始终保持相对稳定的状态，既不大幅度提价，也不大幅度降价			房地产市场比较成熟稳定的区域，房地产企业开发项目的销售量小或短期销售
低开高走策略	低开高走定价策略就是随着施工建筑物的成型和不断接近竣工，根据销售的进展情况，每到一个调价时点，按预先指定的幅度调高一次售价的策略，也就是价格有计划的定期提高的策略	1.价格比消费者的心理价格低，给消费者以实惠感，就容易聚集人气。消费者知道了开发商"先低后高"的战略后，容易成交 2.而开盘不久的迅速成交，又能促进士气，提高销售人员乃至全体员工的士气 3.调整价格灵活 4.资金回笼迅速，有利于其他营销措施的执行 5.先低后高实现了前期购楼者的升值承诺，开发商容易形成口碑	1.首期利润不高 2.低价很容易给人一种"便宜没好货"的感觉，伤害楼盘形象	1.项目总体素质一般，无特别卖点 2.郊区大盘或超大盘，首要的是聚集人气。入住人多则容易在消费者心中形成大社区概念，而销售也将直线上升，如人气不旺则极易因位置等缺陷而无法启动 3.绝对单价过高，超出当地主流购房价格 4.市场竞争激烈，类似产品过多

总结与提升：

| 高开低走策略 | 开发商在新开发的楼盘上市初期，以高价开盘销售，迅速从市场上获得丰厚的营销利润，然后降价销售，力求尽快将投资资金全部收回 | 1. 便于获取最大的利润
2. 容易形成先声夺人的气势，给人以楼盘高品质的展示
3. 由于高开低走，价格是先高后低，或者定价高折头大，消费者也会感到一定的实惠 | 1. 价格高，难以聚集人气，难以形成"抢购风"，楼盘营销有一定的风险
2. 若价位偏离当地主流价格，则资金周转相对缓慢
3. 日后的价格直接调控余地较小
4. 先高后低虽然迎合了后期的消费者，但无论如何，对前期消费者是非常不公平的，对开发商的品牌有一定影响 | 1. 一些高档的商品房，市场竞争趋于平缓，开发商在以高价开盘成功后，基本上完成预期的销售目的，希望资金迅速回笼，降价处理
2. 小区的销售处于宏观经济周期的衰竭阶段，或由于竞争过度，高价开盘并未达到理想的效果，不得不进行调整
3. 具有创新性独特卖点
4. 产品综合性能尚佳，功能折旧速率缓慢 |

★ 调价时机
- 根据项目工程进度调价：项目开工　项目开盘　实景样板房开放　项目主体结构封顶　项目竣工
- 根据销售进度调价：在项目聚集了足够的市场人气之后，为进一步制造销售热潮，以调高价格的方式对犹豫中的客户形成压迫感。

★ 调价方法
- 直接的价格调整。直接的价格调整就是房屋价格的直接上升或下降。直接的价格调整有以下两种方式。

  调整基价。基价的调整就是对一栋楼宇的计算价格进行上调或下降，因为基价是制定所有单元价格的计算基础，所以，基价的调整便意味着所有单元的价格都一起参与调整。这样的调整，每套单元的调整方向和调整幅度都是一致的，是产品对市场总体趋势的统一应对。

  差价系数的调整。房地产实务中，通常是在基价的基础上通过制定不同的差价系数来确定不同套、单元的价格，各套、单元价格则是由房屋基价加权所制定的差价系数而计算的。但每套、单元因为产品的差异性而为市场所接纳的程度并不会和我们原先的预估相一致。在实际销售中，有的单元原先预估不错的实际上并不好卖，有的单元原先预估不好卖实际上却好卖。

  差价系数的调整就是根据实际销售的具体情况，对原先所设定的差价体系进行修正，将好卖单元的差价系数再调高一点，不好卖单元的差价系数再调低一点，以均匀各种类型单元的销售比例，适应市场对不同产品需求的强弱反应。
- 调整付款方式。付款方式本来就是房价在时间上的一种折让，它对价格的调整是较为隐蔽的。

  付款时间的调整：是指总的付款期限的缩短或拉长，各个阶段付款时间设定向前移或向后靠。

  付款比例的调整：是指各个阶段的付款比例是前期高、后期低，还是付款比例的各个阶段均衡分布，或者是各个阶段付款比例前期低、后期高。

  付款利息的调整：如"免息供楼"、"首期零付款"等策略实际上是利息调整的例子。

★ 调价技巧

  必须掌握好调价频率和调价幅度。调价频率以吸引市场注意和消费需求为标准。

总结与提升：

调价幅度是"小幅递增"，每次调价应在3%～5%之间。

- 提价技巧

提价是要配合以新的概念或卖点，以增强提价的说服力，刺激市场信心。

提价一般存在一个销售断层期，如果项目没有特别的概念支撑，必须准备适当促销补救措施来作为过渡。

调价顺序一般是调整已售房屋的价格，借此拉大与剩余产品的差价，增加剩余产品的升值空间，促进剩余产品的销售。

提价要精心策划，高度保密，以求出奇制胜的效果。

提价后要加大对已购客户的宣传，使其认识到物业已经升值，形成良好口碑。

- 降价技巧

降价一般只针对剩余产品进行，以免引发已购客户的不满。

对于直接降价方式，降价幅度要适合。

尽量避免直接降价的方式，可以采用相对隐瞒的降价方式。

不管是主动还是被动降价，在调价之后必须关注甚至预测消费者与竞争对手的反应，以便采取措施。

◆ 时点定价策略

时点定价策略，是指以销售价格为基准，根据不同的销售情况适当调整各单位出售价格的策略，主要有以下几种：

★ 折扣和折让定价策略，主要有现金折扣、数量折扣和职能折扣。

★ 单一价格策略和差别价格策略。

★ 用户心理定价法：有尾数定价策略、整数定价策略、习惯心态定价策略、首尾定价策略和满意定价策略。

06　确定垂直价差

◆ 垂直价差含义及分布规律

垂直价差是指同一建筑物中不同楼层之间的价格差异，通常以每平方米的单价差额来计算。对于高层来讲，底面用作商业用途的房子除外，楼层越高，价值越大。

◆ 影响垂直价差的因素

制定垂直价差，最高与最低单价之差，可反应各楼层之间可能存在的价值空间，另外，市场状况以及目标客户的习性也会影响价差幅度的大小。

★ 当市场状况较好时，价差幅度大；当市场状况不好时，价差幅度小。

★ 当产品单价水平高时，价差幅度大，反之则小。

★ 当目标客户的购房习性比较保守时，大多无法接受差异大的价格，因此差异不宜过大。

◆ 楼层定价方式

楼层定价方式根据用途的不同主要有住宅和商用两种分类，其影响定价的因素也不同。

★ 对住宅来说，以1楼为例，价格大约为2楼以上平均价格的1.1～1.3倍，并根据不同的情况来具体确定。

★ 对商用来说，1楼价格大约为2楼以上平均价格的2.5～5倍，并根据当地的消费习惯、区域的商业情况等来具体测算。

总结与提升：

07　制定水平价差

- ◆ 水平价差的含义：水平价差是指同一楼层不同户别之间每平方米的价格差异。
- ◆ 影响水平价差的因素
  - ★ 朝向：朝向通常是指客厅的朝向，简易的判断方式是以客厅临接主阳台所朝的方向。
  - ★ 采光：通常是指房屋所临接采光面的多寡或采光面积的大小。
  - ★ 私密性：私有空间与公共空间或其他户别私有空间隔离的程度，可用栋距来衡量。
  - ★ 景观。
  - ★ 格局。
- ◆ 制定水平价差的程序
  - ★ 确定同一水平层面的户数或单元数。
  - ★ 确定单栋或多栋建筑物，单栋同一楼层不同户别制定价差，多栋同一层面不同栋别制定价差。
  - ★ 确定影响水平价差的因素。
  - ★ 评定各因素对水平价差的影响程度。
  - ★ 调整各户或各栋，从而就各个因素的价差计算出个别价差。
  - ★ 累计各户各栋别之正负价差总数。
  - ★ 确定正负价差之和是否为零。
  - ★ 确定是否再进行单栋定价。
  - ★ 确定水平价差定价。

9.3　地产营销拓客18招

　　拓客是当下最为直接和有效的客户召集方式之一，其成本低、成效高的优势备受众多项目青睐，拓客降龙十八掌可在项目拓客过程中助君一臂之力。

01　商圈派单

- ◆ 适用项目：各类项目。
- ◆ 工作周期选择：基本贯穿整个项目营销过程，派单量最大的时间应选在蓄客期和强销期。
- ◆ 拓客人员选择：根据各项目实际人员和项目体量安排，一般至少需要配备一名拓客主管。
- ◆ 拓客范围选择：项目周边和全市重点的繁华区域，人流量和商圈档次是商圈选择的主要标准。
- ◆ 工作目的：广泛传递项目信息和有效收集客户信息。
- ◆ 工作安排
  - ★ 制定一个完整的拓客计划。
  - ★ 确定拓客人员，并进行相关培训（包括项目基本资料、核心卖点和优势及拓客说辞与技巧），培训完毕后进行相关考核。
  - ★ 安排拓客周期和时间节点，选择节假日及周末，以及平日里商圈人流量较大的时段。

总结与提升：

　　　　★ 对拓客商圈进行选取与划分，并事先进行踩点和绘制拓客地图。

　　　　★ 拓客人员执行拓客计划，在商圈进行大范围派单，并竭力留取客户信息。

　　　　★ 统计每日派单量和留电量，并进行拓客人员工作心得和拓客技巧分享，提高团队士气。

　　◆ 审核标准：工作审核标准依据派单量和有效留电量而定，要求每人每日合理派发单页的量应达到200～300张，有效留电量至少达到20～40组。根据项目体量、档次和推广力度不同，派单量和有效留电量两项数据可以做适当调整。

02　动线堵截

　　◆ 适用项目：各类项目。

　　◆ 工作周期选择：蓄客期和强销期。

　　◆ 拓客人员选择：以销售员和小蜜蜂为主。

　　◆ 拓客范围选择：项目周边各大主干道及路口，目标客户工作区域的上下班公交站点和沿途必经之路，以及去住日常生活中主要消费场所的沿途（如超市、菜市场、餐馆等）。

　　◆ 工作目的：向主力目标客户群进行项目信息传递，捕捉意向客户。

　　◆ 工作安排

　　　　★ 确定项目主力目标客户群，分析客户群相关信息点。

　　　　★ 对目标客户群的工作、生活、休闲娱乐等动线进行分析，确定动线堵截点，如路口、公交站点、客户平时就餐聚集点等。

　　　　★ 确定动线堵截方式，主要采取户外广告的宣传方式，包括擎天柱、楼体（顶）广告牌、公交站牌、路灯灯箱、车身广告等；也可辅以项目周边人群聚集区域定点派单或设立流动推广小站等具体形式。

　　　　★ 定期对工作成效进行汇总，分析各广告宣传及人员派单等的效果，继而改进。

　　◆ 招式特点

　　　　★ 宣传覆盖范围广，信息点对点传播到达率高。

　　　　★ 对真正有购买意向的准客户说服力很强。

03　社区覆盖

　　◆ 适用项目：中端及中端以下，主要针对大型普通住宅项目的首期和中小型项目的尾房。

　　◆ 工作周期选择：主要针对蓄客期，其次为强销期。

　　◆ 拓客人员选择：以销售员和小蜜蜂为主，可配备一名拓客主管。

　　◆ 拓客范围选择：项目所在区域板块内的人员稳定聚集社区。

　　◆ 工作目的：扩大项目影响力与知名度，挖掘周边潜在地缘性客户。

　　◆ 工作安排

　　　　★ 将项目所在区域板块内的人员稳定聚集社区进行划分。

　　　　★ 安排相关拓客人员携带相关道具进行有计划的扫楼和扫街。

　　　　★ 在社区居民聚集区进行项目海报和广告的张贴，并设立固定咨询点。

　　　　★ 在社区内部可安排一定的固定或流动拓客人员进行客户挖掘和维护。

　　　　★ 若条件允许，可开通社区看房专车，定期接待客户看房。

　　◆ 审核标准：每组每天至少完成两个社区的覆盖工作，可根据社区规模进行适当增加。

　　◆ 招式特点

总结与提升：

★ 在一定区域内覆盖范围广,覆盖面不做过细分析,以基本全覆盖为主。

★ 信息在相对的区域内做到全面接触。

★ 覆盖目标客户源数量较大,精确性差,以量换质,用时间培养客户。

04 展会爆破

◆ 适用项目:高端、中高端、中端项目合作组团参加。

◆ 工作周期选择:蓄客期和强销期。

◆ 拓客人员选择:精英销售员。

◆ 拓客范围选择:大型展会现场。

◆ 工作目的:通过展会向目标人群准确传递项目情况,并现场拉客。

◆ 工作安排

★ 事先与展会组织方联系,争取有利展位(如果在房展会上,位置选择要避免与优于自身的项目相邻;如果展会为车展或者珠宝类展览则选择明显位置,此类展会更加适合高端和中高端的项目参加)。

★ 制定出众的形象设计,在展会上区别于其他同类型项目。

★ 安排精英销售员在展会中发力,与参观的客户多沟通,现场完成客户信息登记和拉客到访的工作。

◆ 招式特点:目标客户相对纯粹和集中,客户群体具备较高的购买力,更容易进行潜在客户和意向客户的挖掘。

05 油站夹报

◆ 适用项目:主要针对中高端项目和投资型项目。

◆ 工作周期选择:以蓄客期为主。

◆ 拓客人员选择:前期与加油站协调工作由策划人员负责,后期物料派送由案场销售人员负责。

◆ 拓客范围选择:项目所属区域内和周边商圈内加油站、城区范围内到客率高的所有加油站。

◆ 工作目的:传递项目信息,捕捉意向客户群。

◆ 工作安排

★ 分析各加油站的到客情况,尽量选择到客率高的加油站进行合作。

★ 派市场渠道人员前往各加油站进行合作沟通,向加油站内人员阐明合作要求,并对其进行简单培训,最好能给当时感兴趣的客户简单介绍项目的基本情况,同时留下客户的联系方式。

★ 准备好各项物料,包括夹报和小礼品等,定期对合作的加油站进行物料补充。

◆ 招式特点

★ 本招式对客户群的把握相对较精准,加油站针对的客户群是有车族其中包括政府用车和私家车、出租车等,不管是坐车的官员还是开车的老板以及企业高管,都是公认的最具消费实力的人群,也是构成项目消费的主体。

★ 通过加油站派送宣传品,就很容易锁定这部分高端人群,把产品信息迅速传达给高端客户,没有任何中间环节,迅速而有效。

★ 直接锁定有消费能力的客户,广告浪费少,节省费用,有效性高。

★ 由加油员一对一派送,中间不停留,迅速到达目标客户手中。

总结与提升:

06 商场巡展

- ◆ 适用项目：各类项目。
- ◆ 工作周期选择：蓄客期及强销期。
- ◆ 拓客人员选择：以销售员和小蜜蜂为主，配备一名拓客主管。
- ◆ 拓客范围选择：项目周边一定距离半径内的重点商场、商业中心、重点市场和其他重点公共场所；交通动线范围内的目标场所。
- ◆ 工作目的：广泛传递项目信息，挖掘和收集客户信息。
- ◆ 工作安排
  - ★ 根据项目实际情况选择相应的百货商场或卖场，并联系场地以及相关道具的安排。
  - ★ 制定巡展顺序和时间表，按照节奏展开。
  - ★ 将拓客人员分为固定接待和流动派单人员，前者负责展台的接待登记工作，后者则负责展台周围及卖场内的派单宣传工作。
  - ★ 若条件允许，最好在每个展点安排看房班车，能够及时有效地接送意向客户看房。
- ◆ 审核标准：依据不同卖场的自身客流情况，制定每日项目单页的派发量和留电量。
- ◆ 招式特点
  - ★ 增加了项目的接待处，扩大了项目的影响和客源的积累。
  - ★ 巡展地点近、时间可灵活控制。
  - ★ 对巡展地点的选择更具针对性，如高端项目则选择高端商业场所。

07 企业团购

- ◆ 适用项目：中高端、中端及中端以下。
- ◆ 工作周期选择：蓄客期和尾盘阶段。
- ◆ 拓客人员选择：经理级以上或有特殊关系的业务员。
- ◆ 拓客范围选择：项目周边的学校、医院、工厂园区等各种企事业单位。
- ◆ 工作目的：通过与企业谈团购，以略低的价格换取项目的快速去化。
- ◆ 工作安排
  - ★ 分析项目周边众多企事业单位，选出具备一定规模且合适的相关单位，并安排好相关拓客人员。
  - ★ 与相关企业接触，了解企业欲团购的数量信息与可接受的价格范围。
  - ★ 分析决定此企业是否适合团购本项目。
  - ★ 在得到相关准确信息的情况下，与甲方联系取得甲方的同意和认可。
- ◆ 招式特点
  - ★ 存在一定机会在短期内成交大量客户，对于快速去化项目有很好的帮助。
  - ★ 甲方需要舍弃一定的利润，且团购价格的交涉与协调存在一定的难度。

08 动迁嫁接

- ◆ 适用项目：普通及中高档住宅项目。
- ◆ 工作周期选择：营销全程。
- ◆ 拓客人员选择：以市场部人员及销售员为主。
- ◆ 拓客范围选择：项目同区域内拆迁小区，其他区域内同品质拆迁小区。
- ◆ 工作目的：传递项目信息，锁定拆迁客户。
- ◆ 工作安排

总结与提升：

★ 事先搜查项目周边刚拆迁和待拆迁的区域。

★ 了解拆迁区域的回迁规划，在拓客开始前先摸清拆迁小区的回迁规划和回迁项目的基本情况，这样有利于在拓客过程中抓住客户的主要诉求，做到对症下药。

★ 在拆迁小区内设立项目分展区，组织专业销讲队伍深入拆迁小区内，可行的话可以逐户上门介绍，抢占先机。

◆ 招式特点

★ 拓客对象相对较集中，客户诉求点也相对统一，比较容易达成团购意向。

★ 极易形成口碑传播。

09　商户直销

◆ 适用项目：适合所有项目，但更适合普通住宅、投资或自营类项目，尤其是小型项目。

◆ 工作周期选择：蓄客期及强销期。

◆ 拓客人员选择：以销售员和小蜜蜂为主。

◆ 拓客范围选择：项目周边及城市各类型专业市场，如建材市场、家电市场、食品市场等。

◆ 工作目的：广泛宣传项目，传递项目信息，挖掘潜在客户。

◆ 工作安排

★ 收集整理规定区域内的各类商业市场的资料，选取目标市场，并作详细的调研了解。

★ 安排拓客人员进行直销拓客，拓客分组进行，最好进行人员与市场的固定分配，便于后续的持续耕耘，培养客户源。

★ 针对比较有意向的商户进行长期重点追访，并对区域内比较有影响力的商户进行重点进攻，深挖潜在客户。

◆ 招式特点

★ 人群划分容易，寻找难度小。

★ 信息到达率相对较高。

★ 商户联系方式等资料收集相对容易。

★ 容易形成击破一点，打到一片的效果。

★ 可形成针对性的拓客说辞。

10　客户陌拜

◆ 适用项目：高端、中高端、中端及中端以下。

◆ 工作周期选择：营销全程。

◆ 拓客人员选择：以2人为一组进行拜访，组数由项目情况而定。

◆ 拓客范围选择：政府行政机构、医疗和教育机构、大型企事业单位、市内办公人群聚集区、市内个体商家聚集区。

◆ 工作目的：通过针对性的客源方向挖掘项目的意向客户。

◆ 工作安排

★ 针对项目情况，确定项目周边潜在客户所在的各个企事业单位、商务办公区域等。

★ 以2人为一组，到目标客户群的活动场所进行拜访，携带项目相关形象展示手册，与客户进行深谈，了解客户详细资料，了解目标人群意愿，辨别意向

总结与提升：

程度。

◆ 审核标准：每组每天陌拜客户 10 组以上，收集详细客户资料，填写客户级别卡，进行分类，每日上交工作总结。

◆ 招式特点

★ 寻找项目潜在客户更具针对性，能够更深层的获得客户信息与意向程度。

★ 在陌拜过程中难度较大，容易碰壁，对拓客人员有一定的能力要求。

11 竞品拦截

◆ 适用项目：适合所有项目，高端住宅类项目、投资类项目效果会更好。

◆ 工作周期选择：营销全程。

◆ 拓客人员选择：以销售员为主。

◆ 拓客范围选择：与项目品质相同、相近或品质比待推项目略差些的项目附近；同区域的周边项目附近。

◆ 工作目的：针对性的截杀项目周边竞品的客户。

◆ 工作安排

★ 详细分析区域市场整体情况，通过对项目的剖析来确定项目周边的主力竞品。

★ 详细了解竞品项目近期销售情况，以及与待推项目比较的优劣势。

★ 在短时间内弄清客户的主要诉求，抓住客户的诉求介绍项目优势。

★ 团队配合将客户尽量带至项目案场实地讲解。

◆ 招式特点

★ 所拦截客户意向性高。

★ 由于思维的先入为主，往往客户会对先了解的项目比较倾心，这是在本招式应用过程中的一个难点。

12 商家联动

◆ 适用项目：适合所有项目，尤其是高端项目。

◆ 工作周期选择：营销全程。

◆ 拓客人员选择：以策划人员为主。

◆ 联动范围选择：与项目目标客户源相吻合的相关商家、机构或团体，如车友会、教育协会、奢侈品展览会等。

◆ 工作目的：通过与其他商家进行联动，达到资源共享、互利互益的目的。

◆ 工作安排：主要分为两种拓客形式。

★ 召集类活动的资源收集拓客：某些商品的发布会、某些产品的推介会、各种圈层展览会等。

此类活动开始前无法确定客户资料，活动后有资料整理，拓客可收集此类客源资料。

具体办法：采取嫁接形式或赞助的形式或其他关系形式介入，如条件允许可现场推介本项目，收集本次活动客户源资料，也可以互动开展。

★ 有详细人员资料的团体资料收集拓客：各种协会、组织的人员的详细资料收集拓客。

具体办法：收集客户源资料，陌拜或利用互动的活动接触客户并促进客户对项目产生意向。

◆ 招式特点

总结与提升：

　　　　★ 部分目标客户与项目产品的匹配度高。

　　　　★ 与部分目标客户的沟通见面相对容易。

　　　　★ 客户源资料的收集比较容易。

　　　　★ 可形成针对性的说辞。

13　全民营销

　　◆ 适用项目：各类项目。

　　◆ 工作周期选择：营销全程。

　　◆ 参与人员：公司员工、老客户、中介、导游、司机、酒店经理、夜店经理等。

　　◆ 工作目的：针对客户不足，发动方方面面的人给我们推荐客户。

　　◆ 工作安排

　　　　★ 针对参与人员制定相应的奖励制度。

　　　　★ 发动可以利用的人群对项目进行推荐。

　　　　★ 安排相应的活动促成成交。

　　◆ 招式特点

　　　　★ 开放房源，有效放大销售渠道和目标客户。

　　　　★ 推广宣传效果倍数增加，每个楼盘推售和优惠信息都将成为媒体和社会关注的焦点。

　　　　★ 有效刺激销售团队，增加其紧迫感与危机感。

14　短信轰炸

　　◆ 适用项目：各类项目。

　　◆ 工作周期选择：营销全程。

　　◆ 参与人员：策划人员、销售人员。

　　◆ 工作目的：广泛宣传项目，传递项目信息，挖掘潜在客户。

　　◆ 工作安排

　　　　★ 选择宣传人群，获取电话号码。

　　　　★ 制定短信发放周期及人员任务分配。

　　　　★ 编辑相关的短信内容。

　　　　★ 按照相关节点通过个人或短信代理公司进行发放。

　　◆ 招式特点

　　　　★ 速度快，针对性强，覆盖率高，操作灵活，价格低廉。

　　　　★ 注意选择发送时段，发送频率，增强短信的趣味性，避免客户产生厌恶心理。

15　网络推广

　　◆ 适用项目：各类项目。

　　◆ 工作周期选择：营销全程。

　　◆ 参与人员：策划人员。

　　◆ 工作目的：广泛宣传项目，传递项目信息，挖掘潜在客户。

　　◆ 表现内容：★网上调查 ★网上抢票 ★网上答题 ★网上竞猜 ★网上投票 ★网上征名、征文 ★网上拍卖 ★网上PK ★网络搜索 ★名人软文 ★新闻话题

　　◆ 招式特点：网络活动营销不仅可以迅速集聚人气，对准客户进行"精确制导"，大

总结与提升：

大促进销售额的增长，而且还可以节省大量的广告费用。

16 借力QQ

- ◆ 适用项目：各类项目。
- ◆ 工作周期选择：营销全程。
- ◆ 参与人员：策划人员、销售人员。
- ◆ 工作目的：广泛宣传项目，传递项目信息，挖掘潜在客户。
- ◆ 工作内容
  - ★ 选择客户，通过各种途径加入相关的QQ群（注意群的规模与活跃度）。
  - ★ 通过聊天发广告：通过私聊、讨论组和群邮件三种途径发布宣传内容。
- ◆ 招式特点：沟通直接，可及时互动，成本最低（零成本）。

17 微博互动

- ◆ 适用项目：各类项目。
- ◆ 工作周期选择：营销全程。
- ◆ 参与人员：策划人员、销售人员。
- ◆ 工作目的：广泛宣传项目，传递项目信息，挖掘潜在客户。
- ◆ 工作内容
  - ★ 针对项目进行官方微博的定位，根据项目特点进行软文的前期宣传铺垫，引起粉丝兴趣，增加互动。
  - ★ 植入一些项目信息，但每天不能超过两条微博，一条最好。用有奖问答的形式鼓励网友去寻找答案加强互动。
  - ★ 客户导入
    - 所有的宣传都加上官方微博的标记，包括户外广告、曝光、纸袋、传单、内部印刷品，极大范围的进行告知。
    - 现场活动强势引入微博。
    - 重大时间节点的现场活动申请微博大屏幕，微博直播。
    - 学会倾听。日常互动清新轻松，传递健康时尚的快信息。发布一些业主身边的事情，提醒生活中的细节，关注业主的心情，主动安抚。
  - ★ 结合微博，配套优惠促销，达成交易。

18 微信助推

- ◆ 适用项目：各类项目。
- ◆ 工作周期选择：营销全程。
- ◆ 参与人员：策划人员、销售人员。
- ◆ 工作目的：广泛宣传项目，传递项目信息，挖掘潜在客户。
- ◆ 工作内容
  - ★ 策划编辑人员开通、设置微信公众账号，将微信二维码融入一切项目自身宣传媒介中增加关注人群，编辑宣传内容，通过群发、一对一对话式对项目进行宣传。
  - ★ 销售人员可以通过微信中现有功能如摇一摇、漂流瓶、查找附近的人、微信朋友圈进行客户的拓展，并通过微信发布项目活动信息，推荐公共账号。

总结与提升：

9.4　拓客方法中的派单技巧

01　派单目标

- ◆ 项目优势及卖点的硬性灌输，项目的形象宣传。
- ◆ 充分挖掘潜在客户源。
- ◆ 提高来访量，提升现场人气。
- ◆ 增加约访量，积累目标客户。

02　对派单人员的要求

- ◆ 精神面貌佳，形象要好，男的要大方，女的必须化淡妆，衣服颜色最好能跟项目推广用的主色调或者 logo 主色调相匹配。
- ◆ 热情大方、积极主动、不怕丢脸。
- ◆ 知道项目的基本情况，尤其项目的卖点和优势所在。
- ◆ 统一口径，从容应答客户的各种问题。切忌一问三不知的派单人员，会严重降低客户对项目的印象和看法。
- ◆ 有定时、定量的任务，考核要奖勤罚懒。
- ◆ 鼓励第一，要随时抽查，出现浪费要做到惩罚分明；要想方设法找到更有效的发单地点。
- ◆ 在家做好目标客户、目标地点的分析工作，出门要注意观察、判断行人情况，提高命中率。

03　准备

- ◆ 派发前发单员应基本了解当次所派发 DM 单页的产品特性和服务内容，确定所宣传产品的主题，锁定目标客户群，提高派发效率。
- ◆ 地点要选取符合自己目标客户源的地方，不一定要有巨大的人流量，但是肯定要有目标客户源群众相对较多的地方。一般是住宅、银行门口、拆迁小区附近、大型活动广场、主要的马路、售楼处门口等。本城高收入阶层集中的区域、政府机关单位、大型工厂等，是派发重点。
- ◆ 派发的时间要集中在上下班的高峰期，派发地点应选在目标客户群比较集中的地点。
- ◆ 根据楼盘定位选择目标客户，一般不要求太过于刻意挑选高气质、穿名牌的客户，一般市民即可。
- ◆ 派单员一定要机灵，城管环卫来了要悄然回避，等他们走了再出来，打游击一般。
- ◆ 发单过程中始终保持友善、热情、微笑的面孔，让人容易接近你，进而有兴趣了解你所派发的 DM 宣传单，并引起客户群对产品的好奇和好感。
- ◆ 发传单要在行人过往的路线上，最好不要挡在行人的面前（一定要准备好，不要突然举起你的手）；在卖场出入口发单时，身子侧站，不要挡住顾客的路。发单时，尽量往行人有空闲的手上递！
- ◆ 拿宣传单动作，建议以一边的手臂为依托托着宣传单，宣传单正面朝向行人，将客户产品或服务的内容展现出来，确保行人拿到的宣传单是正的，以便行人比较方便的第一时间看到上面的内容。
- ◆ 发单时要用礼貌的语言与消费者沟通，一定不能害羞，大胆地说出产品的主题（最

开发阶段：   年   月   日——   年   月   日

总结与提升：

好总结在 10 个字以内），而不是简单的发单机器人。

◆ 发单时要善于观察，及时走动派发，要主动。

◆ 发单时要有针对性地派发，切忌不加选择的随意乱派发。

◆ 不要怕被拒绝，当你给别人派单时，你心里一定要暗示自己：你是在帮他！因为你无偿地将一条也许对他有用的信息传达给他（实质上也是这样的），不接单对他而言可能是一个损失！如果有人接了传单，一定要说声"谢谢"！

◆ 一定要做客户登记，有许多优质客户是可以通过这种方式积累的。

◆ 被顾客丢在地上的、完好的资料，如果没被别人踩脏，要回收重新派发；如果被踩脏了，捡起来丢到就近的垃圾桶（如果附近没有垃圾桶，把它们收集起来放到不显眼的地方，在人少时送到垃圾桶中）。

◆ 每份掉在地上或被人丢弃的资料只要看见立刻捡起来，是对自己的尊重，也是对项目的尊重。

04 派单技巧

◆ 地点在人流多的地方，向着人流呈 45°角，站立，微笑，要把单正面向着别人，这样就可以让别人看到你给他的是什么了，然后说，欢迎了解 XX 项目！如果他接了单你就得说谢谢，如果他不耐烦不接，那你就要说不好意思，打扰了！态度始终要好。不能因为不接单你就态度不好，被拒绝了一次要马上调整过来，准备下一个人的。

◆ 重点：一看二问三照顾

　★一看：客户的衣着、外貌，凭第一直觉看是否有购买能力。

　　25～50 岁，重度客户群；

　　30～50 岁，真正客户群；

　　25～30 岁，成家立业；

　　30～50 岁，子女生活，自己换居住环境。

　　第一时间主动迎上去介绍，观察准客户。

　★二问：主动询问，引起客户兴趣。

　　例："您最近是否考虑购房？考虑多大面积的？在哪里购房？"

　　"房子不多，卖得很快，要马上去看！"

　★三照顾：离开时，回首看客户。

　　如果客户仔细看宣传单，有两种形式：一是同行，二是准客户。

　　抓紧进行项目推荐：项目的优势、卖点，在脑海里形成相对较好印象，价格、面积、户型尽量少说，不讲太细，以诱惑性语言进行讲解：面积、价格、重点优势、位置、自己的名字。

　　例："先生您好！房产信息！"

　　"最近想不想买房？"

　　"有时间去我们那里看看！"

◆ 派单技巧开头白

　★"先生（小姐），早上好（您好）！好消息，XX 花园，学区房，销售火爆，机会难得，赶紧去抢几套，早去选择机会多一点，先生（小姐），我们现在就过去看一下，走，这边请……请看一下，配套、物业管理完善、现在正式开盘开售，机会难得，我们现在就去看一下，就在前面，几分钟就到了，这边请……（物美价廉，黄金地段，升值潜力巨大，是投资的最佳选择……）"

总结与提升：

◆ "请看一下XX宣传单，它坐落在XX。我们上去了解一下，这边请……我们的房子环境优雅，周边配套齐全，不管是置业投资，还是购房自用，我们的房子都一定是您最理想的选择。"

◆ "先生／女士您好，我是XX花园的某某，现在我们公司正在销售二期精装洋房，不知您最近有打算投资和购房的需要吗，（有啊）我们相遇是您的缘分，我给您带来了很有潜力的项目。"

◆ "X先生（小姐），向您介绍了这么多，我看您也非常感兴趣，那就耽误您几分钟时间，我带您到售楼部去详细了解一下，那里有我们的全面的资料和专业人员向您作详细、全面的介绍，很近，就在前面。这边请……"

05　派单工作顺序：派单—带客—留电话

◆ 带一个客户胜过留3～5个电话，留一个电话胜过发50张传单。

◆ 案例

　★ 这样吧，先生／小姐，'百闻不如一见'我还是亲自带您到售楼部详细了解一下，相信一定会给您一个惊喜，也许过去看看，会换来一生的好环境或者会给您一个满意的投资方案。（三次要求）

　★ 三次要求不成，再留电话：先生／小姐，看您实在很忙，那我们改天约好在售楼部参观了解，我这边有什么信息也会第一时间通知您，请问您的联系电话是138还是139……（三次要求）

　★ 带客、留电话失败，也要再一次介绍，自我推销，加深印象。我们的房子的确物超所值，希望您带上资料赶快去了解一下。若有什么不清楚，您可以打电话到售楼部咨询。记得买房子找XX（推销名字）。

06　留电话的话术技巧

◆ 开门见山

　★ "请问先生／小姐贵姓，您的联系电话……"

　★ "我手上没有带资料，您考虑多大面积的？这样吧，您留个联系方式……"

◆ 再一次介绍，缓兵之计。

　"留下电话，我们才能周到全面的为您服务，对吧！您电话多少，139还是138……"

◆ 真诚动人，永不放弃。

　"没关系的，留下电话只会对您有益无害，因为这样我们才可能及时准确地把我们公司的房地产信息和我们售楼部的情况传递给您，对您现在或以后买房都有很大的帮助，您不会拒绝我们诚心的服务吧！"

◆ 再次要求，永不放弃。

　"……不买房没有关系，我们谈了这么久，交个朋友总可以吧，而且您以后买房说不定我还能给您提供一点建议，给您点参考，毕竟我在房地产这行也做了很长的时间了。您电话是……"

◆ 同样是与人沟通，只是说话的方式和尺度不同，要活学活用，懂得变通，说俗点就是一个套路，每位成功的推销员就那么一套说辞。希望大家都有自己的销售套路和说辞，为自己的业绩加油！

开发阶段：　　　　　　　　　　　　　　　年　月　日——　　年　月　日

总结与提升：

07　派单最常遇见的问题

◆ 我很忙，现在赶时间！

　　★ 是吗，像您这样的成功人士肯定很忙，不过投资置业也是件大事。您百忙之中抽出时间去看看也是值得的，不会耽误您太多时间，并且多了解一些投资渠道，对您也是有益无害的。

　　★ 看您这样成功，肯定很忙，越忙就越赚钱，但是您赚了钱也应该注意置业投资啊，买房置业是稳赚不赔的，花点时间赚钱您肯定不会吃亏。

◆ 认为路太远了。

　　我们的项目就在……（简单概述一下项目情况）未来的升值潜力巨大，您一定要亲自去现场看看，买不买没有关系，去售楼部拿一份资料做个详细了解，对您投资置业也会有帮助，没问题的，走吧，我带您过去！（那我们打的过去……）。

◆ 没有时间。

　　我知道像您这样的成功人士，一定很忙。但是我也可以坦白地跟您讲，我们项目的销售速度是非常快的，并不是好位置好户型的房了时时都有。今天买与明天买肯定是不一样的。同时我也可以想象得出，您之所以今天如此成功，这与您对于一些机遇的把握是分不开的。现在也可以算一次机会吧！凭借您睿智的分析与超人的洞察力，您一定不难发现这里的升值潜力，没问题的！走吧！

◆ 犹豫不决。

　　别犹豫了（语气不能太凌厉）！大不了耽误您几分钟时间嘛，再说买房这么大的事您总得多看两家吧，货比三家不吃亏嘛！走！（要多给客户打气，动作有力）。

◆ 我已经接了许多单了！

　　当然呀，像您这么成功的人，肯定有许多人向您提供房产信息，您到过我们售楼部没有？就在前面，现在就去详细了解下，百闻不如一见嘛，我们销售情况很好，早点去挑个好的层次和朝向。

◆ 如果客户坚持说很忙，不来售楼部，就要留电话。

　　"我叫XX，先生请问您贵姓，（拿出笔记本，作记录状态）能否请教您一张名片""没有""那没关系，您电话多少？我们改日再约时间看房好吗？或者说我让我们主任与您联系，向您介绍。"

◆ 不用了，你上面有电话，我与你们联系吧！

　　当然可以。不过我们电话是热线电话，每天很多人打电话来咨询，很难打过来，浪费了您的时间，您留一个电话让经理与您联系，有好的信息，跟您约具体时间去售楼部了解。

◆ 我要看资料，要回去商讨后再决定！

　　是这样的。先生，您看都未看，回去商讨什么呢？现在您只需要一刻钟时间就可以了解到我们详细的情况，我们售楼部专业人士向您介绍。这样您回去商讨更有把握，您说是不是？现在我带您去，尽可能节约您的时间，现在您跟我去可能只花您10分钟，下次您自己找过去可能要花半个多小时。

◆ 如果客户觉得会被打扰！

　　★ 我们主任也很忙，如果您现在没兴趣购房置业投资，也不会过多打扰的，您有兴趣就跟您约个时间。结束时要向客户强调："我叫XX，您到售楼部找我，带上我这张宣传单，我们主任、经理会亲自接待您的。"周末或节日，结束时可说"走好，祝您周末愉快"或"节日愉快"。

总结与提升：

★ 您看您这么忙，我也不勉强您现在就过去，但买房需要了解很多的东西，具体情况您还是打电话咨询一下我们那里的专业置业顾问吧，他们一定会竭诚为您服务。X 总，那您一定要打电话咨询一下，对您置业一定会有帮助的。

★ 我们项目的住宅销售非常旺，您所需要的这种户型，昨天我知道还有，但现在还有没有我就不敢跟您保证了，具体情况您还是给我们售楼部打个电话咨询一下吧！

◆ 遇到专业性的问题！

★ 真的很抱歉，我认为您问的问题太专业了，我只是一个派单员，不能为您服务，但您现在就可以打电话到我们售楼部，我们那儿专业的售楼员一定能解决您的疑问，给您满意的回答。

08 派单创新

◆ 道具创新：可根据楼盘定位及发单时间搭配相应的服装，如小天使服装、欧式管家类服装。

◆ 形式创新：微信派单、信箱直投、报纸夹页。

◆ 单页页面创新：可适当增加单页的趣味性和功能性。

9.5 售楼部暖场活动

01 吃系类

◆ 巴西烧烤

★ 活动形式：现场提供烧烤，散发的浓浓香气，勾起客户食欲，久久不愿离去。

★ 活动地点：售楼处门口。

★ 活动价格：3000 ~ 5000 元 / 天。

★ 活动效果：客户逗留时间长，现场氛围越来越好。

◆ 高雅冷餐

★ 在售楼中心内，用长条桌布置成冷餐街，摆放精美的水果和糕点，身着整洁靓丽服装的服务人员为到场嘉宾提供细致周到的服务。

★ 高雅冷餐主要由糕点、水果和饮料组成。

★ 糕点：三明治，朱古力花饼，瑞士蛋卷，曲奇饼，核桃酥。

★ 水果：西瓜，哈密瓜，蜜橘，圣女果，香蕉。

★ 饮品：可乐，奶茶，柠檬汁，哈密瓜汁。

★ 人员配备：配餐员 1 人，服务员 1 人。

◆ 日本料理

★ 日本料理包括：蛋塔、果酱派、奶油蛋黄酥、苹果酥饺、牛肉汉堡包、时尚巧克力……各式小西点应有尽有，给宾客视觉与味觉并重的享受，给业主送去温馨的呵护，细节的关怀是温暖的。

◆ 台湾精品布丁

◆ 芝士火锅

★ 现场摆放一个芝士火锅。准备面包片、西兰花、鱿鱼须、鲜虾、小扇贝、圣女

总结与提升：

果等可沾煮芝士的美食。

★ 来宾可自行选择自需的美食，烘托热烈现场气氛。

◆ 蛋糕 DIY

★ 看着一桌子的奶油、面浆、坚果等"美食"，小朋友们跃跃欲试。活动还没开始，一些经不住诱惑的朋友已悄悄将奶油、坚果塞进嘴里。

★ 在观看老师制作奶油蛋糕的过程中，系上围裙，围在小桌子旁一试身手。大家你争我抢将面浆灌进自己的蛋糕模子里，用各种坚果、奶油装扮自己的"作品"，享受 DIY 的快乐……

★ DIY 项目还可以有蛋挞、泡芙、巧克力、水果派、曲奇、披萨、汤圆、粽子等等。

◆ 燕窝品鉴

★ 从性味看，燕窝性平味甘。

★ 从归经看，燕窝归肺、胃、肾三经。

★ 从功效看，燕窝有养阴、润燥、益气、补中、养颜五大功效。

02 喝系类

◆ 鸡尾酒品鉴

★ 用色彩绚丽的鸡尾酒，配多种小点，唤起灵感创作的时尚视觉与味觉。

◆ 葡萄酒品鉴

★ 现场将邀请高级品酒师，向宾客作现场的品酒介绍与赏鉴。

◆ 咖啡品鉴

★ 现场将邀请咖啡师，向宾客作现场的咖啡介绍与赏鉴，邀请大家自己制作花式咖啡。

03 玩系类

◆ 大战拉斯维加斯（让客户上瘾的活动）

★ 活动形式：百家乐、21 点、赌大小等。

★ 活动地点：售楼处内。

★ 活动价格：约 7000 元／天（含 2500 元左右礼品）。

★ 活动效果：业主及客户参与度极高，现场氛围非常好。

★ 适合项目：非中心区域楼盘（中心区参与人数太多，无法控制）。

◆ 儿童游戏：踪林迷宫

★ 以 KT 板材料制作小型的迷宫活动游玩区。

★ 配合卡通造型的涂鸦画，让小朋友们体验绿野仙踪般的丛林探险。

◆ 电玩 PK 赛（勾起童年美好回忆）

★ 活动形式：在电脑和投影仪的配合下，把游戏投影在销售中心的大屏幕上，让客户们玩，分组 PK，分发不同的奖品，街头霸王、PS、CS、泡泡龙之类的经典游戏，都可以拿出来给客户们玩。

★ 活动地点：售楼处内。

★ 活动物料：电脑、投影仪、游戏软件。

★ 活动价格：约 2000 ～ 3000 元／天。

★ 操作项目：中央公园 1 号。

★ 活动效果：参与度高、满意度高。

总结与提升：

◆ 特色活动
  ★ 巧手面人张：面塑即"捏面人"，是一种中国民间传统的雕塑艺术。面塑以夸张而又情真、简洁而不粗俗的独特风格成为中国传统技艺中的一大特色。一块简单的面粉，通过师傅的简单表演，就能成为各类漂亮的人物造型、动物造型。
  ★ 妙手草编秀：草编是我国的传统手工艺品，勤劳智慧的劳动人民在生活和劳动中创造了它，普普通通的麦秸花草在一双双巧手的编制下变成了精美多姿的艺术品。各种工艺草帽和麦草工艺品、十二生肖、艺术挂屏、工艺脸谱、汴梁八景应有尽有、造型优美、做工细致精巧、形象丰富逼真、富有立体感。
  ★ 悠悠陶艺：以土石为基本原料，充分发挥想象力和创造精神制作出各式各样的器具或装饰品，然后置于火中烧炼，使其坚固定型而成为陶器或瓷器。现代陶艺独具艺术风格，独特而又多样的表现形式和手法具有旺盛的生命力。陶艺制作不是一件单纯的创造活动，其在创作实践中又是一种发现活动，会发现许多意想不到的优美的艺术效果，在陶艺创作中表现着人们的思维方式和智慧。
  ★ 风筝：风筝是民族文化的瑰宝，风筝与音乐、美术、民俗、地域、民族有千丝万缕的联系。地域文化的丰富多彩决定了风筝文化艺术各有千秋，流派纷呈。风筝文化具有时代性、民族性、地域性和相对独立性。在厚重的风筝文化部分，观众可以从历代诗人、名词作家、板画、邮票、电影、音乐、电视等诸多文化视角去认识风筝文化的内涵及其特征。
◆ 十字绣 DIY
  ★ 活动内容：用针和彩色线在绣布上绣出各种简易图案，绣好的成品可作钥匙饰品、手机套等。
  ★ 活动方式：在现场老师的指导下，在绣布上根据样板图案绣出十字绣作品。
  ★ 所需物料：十字绣包（包括针、线、样板图案、绣布等）。
◆ 拼图 DIY
  ★ 活动内容：根据样板图片拼出各式图案。
  ★ 活动形式：现场嘉宾根据拼图说明方法拼出漂亮的图案，并赠送相应的画框装裱，以作纪念。
  ★ 所需物料：100 片装拼图、画框。
◆ 泥人 DIY
  ★ 活动内容：邀请民间艺人现场制作各式泥人赠送给到场的小朋友。
  ★ 活动形式：在民间艺人的现场指导下到场宾客和小朋友也可加入制作泥人的行列，制作自己心仪的泥人作品。
  ★ 泥人礼品：创作出的色彩鲜艳的各类泥人作品，可以作为礼品赠送给现场嘉宾。
  ★ 所需物料：不干胶底卡、彩沙。
◆ 民间剪纸
  ★ 活动内容：邀请民间剪纸艺人现场剪出形态各异的人像作品。
  ★ 活动形式：现场工作人员给参与宾客发放纸张和剪刀，与民间剪纸艺人共同完成剪纸作品，民间剪纸艺人并在现场传授剪纸经验和要领。
  ★ 剪纸礼品：民间剪纸艺人现场创作的各式剪纸艺术作品，可以作为礼品赠送给现场嘉宾。
  ★ 所需物料：彩纸、剪刀等。
◆ 皮雕 DIY

总结与提升：

- ★ 现场制作，回馈客户专门设计皮雕。
- ◆ 饰品 DIY
  - ★ 珠饰 DIY：项链、手镯、吊坠等。
  - ★ 各种甜美饰品，搭配晶莹剔透的小型 LV 饰件，让来宾们串出一份浪漫心情。
- ◆ 欧洲心愿树 DIY
  - ★ 宾客通过现场道具来装饰自己的心愿树，切合亲身去感觉、去体验，完美达到当天活动主题，展示宾客动手能力，与此同时达到现场气氛及互动。心愿树制作能更好地营造强烈的喜庆氛围！
- ◆ 香囊 DIY
  - ★ 薰衣草、薄荷叶、菊花、苹果、甘松、排草、玫瑰、檀木……各种各样的干香料，随你搭配，把它们装进精致小囊，可以放在衣柜里，可以佩带在身上，也可以送给心爱的人。跟着导师学习味道的搭配技巧……
- ◆ 其他 DIY
  - ★ 圣诞树、手工蜡烛、沙画手工、数字油画、马克杯、彩蛋、文化衫、风筝、扇子、灯笼、创意插花、废旧资源再利用 DIY、布贴画 DIY、手工皂 DIY、环保袋 DIY、折纸、编织围脖、异形气球等等。
- ◆ Mini 沙壶球、推杆高尔夫球、打乒乓球、掷飞镖、夹圆珠
  - ★ 不用担心有些人放不开架子，这些人中间只要有一个带动起来玩，其他人都会围过来，特别是很多小孩子缠着要玩，这样的气氛非常旺！！！
- ◆ 体验精装
  - ★ "大家来找茬"游戏——对多幅经过 PS 的不同的精装样板房的画面进行"找茬"。
  - ★ "品牌连连看"游戏——考验的是客户的记忆力与对精装样板房的了解度，将样板房内所有家装与对应的品牌相连线。
  - ★ 活动奖品：完成游戏，获精美礼品。
  - ★ 活动点评：结合项目精装产品宣传游戏互动趣味多。
- ◆ 装修体验
  - ★ 内容建议：设计作品展（针对项目户型、样板间）。
  - ★ 内容建议：家居装饰 DIY 专场。

04 乐系类

- ◆ 家电拍卖（可收回 60% 以上成本的活动）
  - ★ 活动形式：日常家电拍卖（如电吹风、床上用品、电饭煲等）。
  - ★ 活动地点：售楼处内。
  - ★ 活动价格：约 2000 元 / 天。
  - ★ 活动效果：活动既可以收回一部分成本，又能最大限度的调动客户参与度，效果非常好。
- ◆ 家电以旧换新
  - ★ 联合国美、苏宁、大商等大型电器商城，开展家电以旧换新活动。
- ◆ 猜价格赢礼品
  - ★ 把一些家私电器的价格让客户进行猜测，给客户 3 次机会，猜到一定幅度之内（根据不同物品价格而定），就算客户可以得到此物品。这个活动客户参与度非常踊跃！

开发阶段：　　　　　　　　　　　　　年　月　日——　年　月　日

总结与提升：

- ◆ 彩票抽大奖（低成本、高刺激）
  - ★ 活动形式:周五购买福利彩票（此彩票为周日开奖），通知客户周末来领取彩票，并可通过彩票编号现场抽大奖。
  - ★ 活动地点：售楼处内。
  - ★ 活动价格：约 500 元彩票 +3000 元礼品。
  - ★ 活动效果：业主及客户到场踊跃（彩票可能中大奖，还能参与现场抽奖，双重惊喜，对客户刺激度高）。
- ◆ 踩气球
  - ★ 要求：人数为 4 名，两人一组。
  - ★ 步骤：两人的左右脚捆绑 3 ～ 4 个气球，在活动开始后，互相踩对方的气球，并保持自己的气球不破，或破得最少，则胜出。
- ◆ 椅上功夫
  - ★ 概要：椅子不停地减少，人数总是多一人，不停地淘汰没有坐上椅子的人。
  - ★ 方法
    - ● 主持人发号施令，开始抢椅子。
    - ● 依照号令比赛，没有坐上椅子的人立刻淘汰。
    - ● 可以规定一个时限。
- ◆ 音乐散点
  - ★ 萨克斯、小提琴、钢琴、古筝、竖琴等表演，营造现场轻松、愉悦、高雅的气氛，在售楼中心安排萨克斯表演。
  - ★ 演奏节奏舒缓的音乐，在售楼中心华丽的装饰和高雅的花艺的掩映下，带给现场嘉宾一次快乐的体验之旅。
- ◆ 免费体检
  - ★ 聘请医院副主任级别以上专家进入社区，为业主提供了一次专业的"送健康免费体检"活动，为广大业主进行了健康检查。
- ◆ 新年送万元"红包"活动
  - ★ 到访的未购房客户即可抽得价值 8000 ～ 10000 元不等的房款减免"红包"，可赠送亲友使用。限定数量 30 名。
- ◆ SPA 全过程展示
  - ★ SPA 是流传于古罗马的一种水疗环境和方法，现场专业的泰式按摩师在池边为来宾们展示了 SPA 的过程。
- ◆ 祈福漂流瓶
  - ★ 领取祈福券，领取漂流瓶，组织海边或者河边放漂流瓶。
- ◆ 我爱记歌词
  - ★ 挑选大家耳熟能详的歌，设置分组、奖品等。
- ◆ 魔术表演
  - ★ 邀请魔术师、小丑现场表演，并请业主互动参与。
- ◆ 时尚走秀
  - ★ 邀请设计师、模特现场走秀表演，结合活动主题定制不同走秀主题，如晚礼服、比基尼等。
- ◆ 品质体验
  - ★ 骑马、高尔夫、游艇体验等。

总结与提升：

◇ 民俗体验
　　★ 舞狮、变脸、糖画、灯谜体验等。

05　**主题活动**

◆ 主题派对
　　★ 中韩友人/中日/中美/中法/中德共度传统文化交流联谊酒会
　　★ 民俗风情主题夜　　　　　★ 情人节幸福情侣秀/单身派对
　　★ 贵宾生日派对　　　　★ 节日类主题派对　　★ 拉斯维加斯嘉年华
　　★ 法国时尚之约浪漫舞会　　★ 时尚泳池派对　　★ 沙滩派对
　　★ 70后、80后业主怀旧派对　★ 主题狂欢魔幻派对　★ 假面舞会

◆ 主题音乐会、演唱会
◆ 主题艺术作品联展
◆ 主题美食、美酒品鉴
◆ 主题玉石、珠宝、香水等品鉴活动
◆ 主题电影专场
◆ 主题户外
　　★ 登山寻宝　★ 拜庙祈福　★ 野外拓展　★ 郊游　★ 采摘　★ 儿童夏令营

06　**讲座类**

◆ 家装类讲座
　　★ 装修专题　★ 合理购置和使用家电　★ 家具保养
◆ 教育类讲座
　　★ 中考、高考名师讲座（题型解析、如何报考学校）★ 育儿知识讲座（如何挑选
　　　月嫂？了解婴儿的喜怒哀乐？儿童生活小常识？）
◆ 文化类讲座
　　★ 文物鉴赏和书法艺术讲座　★ 插花艺术
　　★ 国学讲堂　★ 茶道讲堂　★ 餐桌礼仪　★ 风水讲座
◆ 时尚生活类
　　★ 美容彩妆讲座　★ 衣着搭配讲堂
◆ 养生讲座
　　★ 春夏秋冬季美食养生　★ 健康知识讲座　★ 食物相克百科讲堂
◆ 经济类讲座
　　★ 经济学观点讲座　★ 金融理财类讲座

07　**公益类**

◆ 给灾区捐款、捐物
◆ 捐资助学
　　★ 希望小学　★ 边远山区　★ 失学儿童　★ 贫困大学生
◆ 给壹基金捐款
◆ 给各大慈善基金、慈善协会捐款
◆ 倡导环保，万人蓝色签名（低碳生活）
◆ 倡导午间节能 1 小时

总结与提升：

◆ "感动大连"、"最可爱的人"、"城市榜样"人物评选
◆ 贫困山区，爱心午餐
◆ 爱心送考
◆ 走进社区、农村（电影、医疗队）

08　趣味比赛

◆ 扑克类竞赛
　　★ 地主争霸赛　★ 滚子大赛（外企或企业精英争霸赛）
◆ 摄影类竞赛
　　★ 风景摄影大赛　　　　　　★ 宝宝摄影大赛
　　★ 家庭趣味视频拍摄大赛　★ "最美丽的人"摄影大赛
◆ 球类竞赛
　　★ 精英篮球赛　★ 灌篮高手争霸赛　★ 羽毛球精英赛　★ 足球争霸赛
　　★ 乒乓球争霸赛　★ 高尔夫球选拔赛　★ 家庭排球选拔赛　★ 钓鱼比赛
　　★ 网球争霸赛　★ 桌球争霸赛　★ 沙滩排球　　　　　★ 沙滩足球
◆ 才艺类比赛
　　★ 业主才艺 PK 大赛（象棋/围棋/跳棋争霸赛；话剧/戏曲比赛）★ 家庭歌唱大赛
　　★ 老年（少儿）书画（歌唱）大赛　★ 遥控汽车/直升机竞技体验赛
　　★ 业主趣味运动会　★ 电视广播主持人/模特/歌手大赛
　　★ 青岛小姐/魅力达人/宝贝达人秀/地产宝贝选拔赛　★ 厨艺争霸赛
　　★ 商品价格竞猜大比拼　★ 宝宝才艺（唱歌、绘画、舞蹈、爬行）大赛

09　暖场活动月份列表

时间	活动	活动形式说明
一月	元旦专题	日本料理、欧洲心愿树 DIY、新年送万元"红包"活动、音乐散点
	冬日专题	蛋糕 DIY、咖啡品鉴、电玩 PK 赛、DIY（软陶、手工蜡烛、沙画手工、数字油画、马克杯等）、彩票抽大奖、扑克类竞赛、厨艺争霸赛、主题电影
二月	春节专题	民间剪纸、皮雕 DIY、登山寻宝、拜庙祈福、民俗体验
	元宵节专题	花灯、元宵 DIY、有奖猜灯谜、家庭歌唱大赛
	情人节专题	台湾精品布丁、芝士火锅、巧克力 DIY、鸡尾酒品鉴、饰品 DIY、香囊 DIY、魔术表演
三月	妇女节专题	燕窝品鉴、葡萄酒品鉴、饰品 DIY、香囊 DIY、猜价格赢礼品、SPA 全过程展示、时尚生活类讲座、养生讲座、妇女书画、摄影作品展
	植树节专题	户外植树拓展、倡导环保，万人蓝色签名（低碳生活）
	手拉手情系贫困小伙伴全国统一行动日	捐资助学、给壹基金捐款、给各大慈善基金、慈善协会捐款

总结与提升：

月份	专题	内容
四月	风筝节专题	特色活动：风筝
	复活节专题	彩蛋 DIY、互赠彩蛋、赠送复活节小兔子、有绒毛的小鸡、娃娃等绒毛玩具等（需要自己去寻找）
	初春专题	野外拓展、品质体验、钓鱼比赛、球类竞赛、风景摄影大赛展
五月	"五一假日嘉年华"活动	空桶投球、扎气球、椅上功夫等比赛、赢取奖品、我爱记歌词、体验精装
	馨香母亲节专题	免费体检、创意插花、养生讲座、教育讲座
	春日专题	野外拓展、品质体验、钓鱼比赛、球类竞赛、风景摄影大赛展
六月	儿童节专题	DIY 蛋糕、蛋挞、泡芙；儿童游戏：踪林迷宫、钓金鱼、Mini 沙壶球、推杆高尔夫球、打乒乓球、掷飞镖、夹圆珠；亲子活动：文化 T 恤绘画、风筝制作、折纸花、儿童沙画、数码绘画、陶艺；少儿书画、歌唱大赛；电影专场
	端午节专题	民俗体验、粽子 DIY
	父亲节专题	亲子活动、运动竞赛、品质体验、大战拉斯维加斯、金融理财类讲座
	高考专题	爱心送考
	世界杯专题	巴西烧烤、主题电影、彩票抽大奖（低成本、高刺激）
七月	夏日专题	冰激凌 DIY、折扇 DIY、儿童夏令营、主题派单、主题音乐会、演唱会、郊游、采摘、主题电影、时尚走秀
八月	七夕专题	台湾精品布丁、芝士火锅、巧克力 DIY、鸡尾酒品鉴、饰品 DIY、香囊 DIY、插花 DIY、陶艺 DIY、魔术表演、水晶定制、杯子定制、T 恤定制
	国际电影节专题	主题电影
	仲夏专题	沙滩派对、主题音乐会、演唱会、郊游、采摘、电玩专场、红酒品鉴、祈福漂流瓶
九月	中秋节专题	做月饼、有奖问答、小活动、茶道表演
	教师节专题	业主凭教师证领取礼品、国学讲堂
	夏末专题	民俗游乐会、趣味运动会、野外拓展、郊游、采摘
十月	国庆专题	电器拍卖、小国旗发放、微博好礼、捞金鱼、披萨、蛋糕 DIY、特色 DIY 活动、才艺比赛
	重阳节专题	民俗体验、登山寻宝
	万圣节专题	南瓜灯 DIY、魔术表演、异形气球 DIY、面具 DIY
	秋日专题	家装类讲座、主题玉石、珠宝、香水等品鉴活动、怀旧派对、摄影大赛
十一月	感恩节专题	火鸡、南瓜派 DIY 体验、儿童绘画大赛、饰品 DIY 互赠
	初冬专题	蛋糕 DIY、咖啡品鉴、电玩 PK 赛、DIY（软陶、手工蜡烛、沙画手工、数字油画、马克杯等）、彩票抽大奖、扑克类竞赛、厨艺争霸赛、讲座类、主题电影
十二月	圣诞节专题	圣诞树 DIY、礼品 DIY、圣诞老人合影、圣诞主题电影、大战拉斯维加斯、芝士火锅
	冬日专题	蛋糕 DIY、咖啡品鉴、电玩 PK 赛、DIY（软陶、手工蜡烛、沙画手工、数字油画、马克杯等）、彩票抽大奖、扑克类竞赛、厨艺争霸赛、讲座类、主题电影

总结与提升：

第十部分　项目案场管理标准化

10.1　案场管理标准报表

01　公司人事制度表格

◆ 考勤类
  ★ 公司请假单 ★ 员工外出登记表 ★ 考勤签到表 ★ 考勤统计表 ★ 案场排休表

◆ 员工情况
  ★ 员工登记表 ★ 员工转正申请表 ★ 员工离职申请表 ★ 员工调动申请表 ★ 星级晋升申请表

◆ 交接类
  ★ 调岗经理工作交接表 ★ 员工离职工作交接表 ★ 部门工作联系单

02　售楼处现场管理

◆ 客户接待
  ★ 置业顾问工作日志 ★ 来访客户登记表 ★ 来电客户登记表 ★ 来电客户周报表 ★ 来访客户周报表 ★ 来电客户追踪记录表 ★ 来访客户追踪记录表 ★ 典型客户分析表

◆ 客户管理
  ★ 认筹协议 ★ 认购协议 ★ 销售合同 ★ 案场合同交接登记表 ★ 更名 ★ 换户 ★ 退户申请表 ★ 礼品领取登记表 ★ 销售传接单

◆ 经理日常报表
  ★ 案场经理工作日志 ★ 案场周报 ★ 周工作计划 ★ 案场月报 ★ 月工作计划

◆ 销售报表
  ★ 销售台账 ★ 项目价格表 ★ 销控表 ★ 销售统计表

◆ 财务类报表
  ★ 销售佣金计算表 ★ 员工提成表 ★ 备用金支出明细表

◆ 培训类报表
  ★ 各个阶段培训计划及人员培训反馈

03　与开发商交接文件

◆ 文件交接单 ◆ 优惠价申请表 ◆ 工程变更申请表

10.2　案场培训

01　新员工培训

◆ 企业简介、公司规章制度、公司历年案例简介

开发阶段：　　　　　　　　　　　　　　　年　　月　　日——　　年　　月　　日

总结与提升：

02 销售基础培训

- ◆ 礼仪、行为规范
- ◆ 房地产基础知识
- ◆ 案场规章管理制度
- ◆ 置业顾问素质（销售人员基本要求）
- ◆ 市场调研
- ◆ 销售基本流程
- ◆ 销售技巧
- ◆ 售后客服工作（客户跟踪）
- ◆ 银行按揭办理流程及计算

03 销售实战演练

- ◆ 模型介绍（现场演练模型介绍的要点和方法）
- ◆ 现场路线（看房路线的行进方向和沿线的介绍要点）
- ◆ 洽谈练习（同事之间一对一的解说、推介、洽谈练习）
- ◆ 成交练习（签认购书、收定金、销售控制、签约、交首期、办理按揭等成交过程各个程序的工作练习）

10.3　案场管理制度

01 案场日常管理

◆ 案场考勤制度 ◆ 案场卫生管理制度 ◆ 案场人员行为说明 ◆ 案场物品存放说明 ◆ 案场公积金管理制度

02 案场人事管理

◆ 案场人员入离职管理制度 ◆ 案场置业顾问薪资标准制度 ◆ 案场置业顾问星级晋升制度

03 案场销售管理

◆ 案场见客排轮制度 ◆ 案场签约及时度的规定 ◆ 案场销售管理制度

10.4　点石成金：成交的22种方法

01 富兰克林成交法

◆ 这种方法适用于善于思考的人，如："李锐先生，在美国，人们把富兰克林看成是最聪明的人。他遇到问题举棋不定时，会拿出一张纸，从中间划一道，将'利好因素'和'坏因素'全都列出来，分析得失……现在看来，除了您觉得路途略远一点

总结与提升：

外，其余的都是国内顶级社区所具有的，您还忧虑什么？"

02 非此即彼成交法

◆ 这是常用的、非常受欢迎的方法。

"不是 A，就是 B"。记住！给顾客选择时一定不能超过两个，否则他会迷惑不解。可以这样问："您是首付 20% 呢还是首付 30%"。

03 "人质"策略成交法

◆ 我的车出了点小毛病，空调声音不对劲，送到车场一说，车场老板说："看看吧，可能是小毛病"。第二天，我去车场，老板大声说："禹先生，你看你的车"。我的车被高架在空，地下有一组空调排档复速系统的零件。最后，车场老板说："全修好得 8000 元啊"。无奈，我认了。

在销售中，尽量说服客户交定金，先交 500 元房号保留金也行。这样，客户反悔的机会就没有了。

04 单刀直入成交法

◆ 当您和客户僵持一段时间，就价格、付款、户型和其他方面不能达成一致意见时，你或者可以选择将自己的底牌一下子抖给对方。"价格和档次是一样的，买房和买菜不一样，您不可能花 15 元 / 月的低价得到 ISO9002 的物业管理服务，您别让我为难，我们主管也来了，最多 9.6 折。您实在不满意，咱们就交个朋友吧"。这是一种冒险的谈判方式，但这使交易能继续下去，因为压力是双方的。

05 决不退让一寸成交法

◆ 房地产业不同于其他行业，它的定价、规则和内涵丰富得多，都说"一生幸福与一次选择"，没有听说过客户上来就要求 5 折的。因此，在价格上要一口价，决不退让，要退让，也得假装去请示，因为只有这样，客户才觉得你珍惜。否则让价太顺得，客户会觉得有水分，反而不容易成功。

06 家庭策略成交法

◆ 有人说，一大家子一起来买房时最难对付，七嘴八舌，不知所云。这是业务员没有用心。你一定要观察出谁出钱？他买房的目的？是为儿女，还是为老娘？那个"影子"就是最有发言权的人。

◆ 举例：北京加拿大别墅位于京昌路 B8 出口，1996 年高速党政军没有修时，离北京北三环路的直线距离 12 公里，售价当时是 1500 美元 /m² 的天价。6 月份一个倾盆大雨后的下午，两辆车载着一家子，带着一个老太太到中轴路的售楼处，我让两个业务员带着去看房，这二位均是小伙子，一个半小时之后，两名业务员回来了，那一家子没有跟着来。我很纳闷，因为他们是带了 2 万元定金来的，人怎么就走了呢？不是说老太太的老家就是昌平南口，就喜欢在这养老吗？两位业务员汇报说："刚下完雨，小区道路还未修好，路不好走，老太太没上去看。"当时就把我给气晕了。我说"傻小子！我派你们两个去干什么？不就是要你们做她儿子，背着老太太进去看房吗？你们如果真的背着老太太进去了，这 260m² 的房子就卖定了，连个小姑娘

总结与提升：

都能做的，你们就做不到吗？"。

07 蜜月成交法

◆ 蜜月成交法是指在一方（男方或女方）犹豫之际博得另一方的好感，由另一方来说服犹豫的那方。这实际上是"战略联盟"，对年轻的夫妻尤为有效。

◆ 举例：你们不是在度蜜月吗？你们在一起真和谐、完美。你们结婚几年了？三年呀？像还在度蜜月。为什么不考虑把爱巢搬到这里来呢？只有XX这样的项目才会陪衬你们的爱情，温情脉脉、自由而浪漫。虽然这样的话是很肉麻，但是记住！人在受到称赞时是分不清真和梦的，你还必须作出认真、严肃地夸奖他们的姿态。

08 最佳时期策略成交法

◆ 这实际上是考验你的描述能力，是考验你能够给客户带来一个什么样的梦。要在最关键的时候讲价钱，因为那时它最有价值，客户也就认了。

◆ 举例：XX社区，有16个大卖点，不仅在智能、环境、户型及建筑风格上属于顶尖社区，而且它最引人之处在于它的纯粹。MARKS先生是近年来的第一位主张东西方园林艺术融合的设计师，YORK先生执笔别墅和公寓的设计，体现的是纯粹的欧洲风格。MARKS先生把所有的单体楼像星星般散落在一个椭圆形的河道上，概念同国家大剧院一样：体现出水晶宫般的梦幻色彩和充满诗意的深层意境。所有学英语的人，谁不喜欢这样的社区？除了国投，在近10年内谁会有这样的势力建造出独一无二的生态社区？XX社区就是身份地位的象征，谁不期待，谁不冲动？

09 退让成交法

◆ 当客户快要被说服了，还有一点动摇，需要一点外力时可运用这种方法。在房地产销售中，客户只有责任：付款、承诺物业管理费公约。客户的着眼点往往在折扣、付款方式、是否送装修、是否送小花园、是否免1～2年的物业管理费等。退让成交法需要销售副总监和总监的配合。

◆ 举例："您今天要付50%的房款的话，我同领导商量把留给别人的那套128m²的签给您"；"您马上能定下来的话可以按上期推广价卖给您"。有得有失嘛，客户在表面上占了上风，因此他会乐意接受。

10 恐惧成交法

◆ 这是一种用来创造紧迫感的压力成交法。这种成交法对那种心动而犹豫不决的客户最管用。

推销之始你要用心，真诚地展示和推广XX的主要细节，解答客户关心的问题，等客户心动了，可用这种方法。创造紧迫感有三种方法：

★ 项目热销，不赶紧定，就要失去这种权力

★ 某一经典户型快销售完了

★ 价格马上会升或折扣期限已到期

◆ 记住！任何时候都要强调项目热销。一般的做法是要求业务员尽量将客户统一约到某一时段去售楼处。只要有客户签定金，其余的客户就感到压力。要点：你必须是真诚的、项目足够说服人的，否则听起来很假，你反而会失去这个客户。

总结与提升：

11 大脚趾成交法

◆ 大脚趾成交法又称故意出错成交法。出错的目的是试探客户是否真心购买，另外，价格出错是给客户以压力。

◆ 举例

销售员：A 户型的总价是 28 万 4 千元，您算一下……

客户：怎么会这么贵呢？

销售员：啊，是我弄错了，4000 元的价格下月才执行，我拿错价单了，现在的价格是 3750 元 /m²。

传达这种信息客户不仅不生气，还看着你脸红的样子，认为你是个诚实的人。买了，搞定！

12 回敬成交法

◆ 回敬成交法又称豪猪法，是用问题来回答问题。好比你站在镜子前你笑镜子里的你也笑一样，当客户蛮不讲理或退缩时你就回敬他。这时你可以用一种疑惑不解的音调和略带吃惊的表情，客户会明白你要表达什么。

◆ 举例

客户：XX 在二环外，太远了！

销售员：您觉得太偏僻了（往往销售员跳出来反驳）？

客户：我是说离我家远了一些，我很难接受。

销售员：您很难接受了？

客户：另外，价格太贵了（客户提出异议）。

销售员：太贵了（业务员回敬）？

客户：我付不了这么多首付款（这才是问题的关键）。

销售员：我理解，您为什么不做按揭呢？我出面帮您！

这是一场斗争（消费方式：95% 的客户选择了按揭）。

13 ABC所有问题解决成交法

◆ ABC 成交法是最简单的成交方法。像 ABC 一样，它由三个问题（步骤）构成。当你平稳结束了推销过程，没有听到过多的消极回应或异议时，可以使用这种方法。

◆ 举例

销售员：还有什么问题吗？

客户：有，比如：……

销售员解答和解决完毕所有问题后

客户：基本没有了。

销售员：这么说您都满意？

客户：暂时没有问题。

销售员：那我就填合同了，您首付多少？

14 "我想考虑一下"成交法

◆ 此方法也叫咄咄逼人成交法，如果客户说我要考虑一下，实际上是一种借口，它的真正含义是他还没有准备好。客户不想说是或不，他不想伤害销售员的感情，他想逃离压力，因为客户感觉到自己已往里陷了，但更多的信息还未得到，还没有足够的信心。

开发阶段:　　　　　　　　　　　　　　　　　年　　月　　日——　　年　　月　　日

总结与提升:

◆ 举例

客户：我考虑一下。

销售员：这么说您还没有信心？

客户：物业管理费这么贵？

销售员：……

客户：我还是考虑一下，好吧？

销售员：您能直接告诉我您最不放心的是什么吗？是XX？是XX？是XX……？

客户：对工期，我最不放心的是工期。

◆ 当客户提出考虑一下的借口时，你一定要先孤立异议，继而咄咄逼人地将客户所担心的问题全部说出来。没有遮羞布，问题也就能够解决了。

15 次要问题成交法

◆ 次要问题主要是指客户对项目细节提出一些异议，而这些细节又无伤大雅，如"我们选用美国原厂的OTIS电梯还是用三菱"？之类问题，实际上两种电梯属于同一档次产品，不过是客户个人的品牌和消费偏好不同而已，对客户提出的次要细节应认真地回答或干脆说"世界上没有任何一种产品是十全十美的，您的意见非常宝贵，但是项目的方案早已定了，电梯也买了，我们只能在以后的项目中考虑您的建议"。这样回答的前提是，此类问题对签约实在不构成威胁。

16 勇士成交法

◆ 人类社会到了21世纪，科学技术的发展步入量子时代，但从远古到今天，人类的心智并没有发生变化，如意志力。作为业务员，你一定要有钢铁般的意志，成为生意场上的勇士。方法是：客户说什么，你同意什么，最后把压力转给客户。

◆ 举例

客户：太贵了。

销售员：是太贵了（沉默）。

客户：我不喜欢这种瓷砖。

销售员：我实在无法回答，因为您的想法是结论性的。

最后，客户感到了压力，你马上可以反客为主了。

17 档案成交法

◆ 档案成交法又称羊群成交法，你可以告诉客户他未来的邻居是谁，已有谁认购，已有谁入住。已入住者和已认购者是社区的档案，突现XX的品位，客户在"名人"和"同类"面前只好迫于压力冲动，也变成一个档案！

18 第三者出面成交法

◆ 针对逻辑思辨能力强的客户，几个回合拿不下来怎么办？你不妨叫一位第三者：律师、工程师、同行，也可以建议客户自带。在专业人士面前，你的规范、你的业务水平、你的公道会博得第三者的认同。第三者仲裁的结果：买吧，没错！

19 以柔克刚成交法

◆ 至柔则至刚！水无力但润万物也！从心理学上讲，女性在房地产销售中面对北方大

总结与提升：

男子往往占主动地位，因为女性的温柔给人以可信任感。在谈判中明显弱势方往往能占便宜也是这个道理，谈客户不是斗嘴，介绍要客观，让客户三分又如何？最后成交是关键。

20　产品比较成交法

◆ 产品比较法是指拿别的项目与XX做比较。比较的应该是同档次项目或可替代的项目。切记！比较时一定将话留三分，不要用语言中伤别的项目，介绍要客观入理，这样，客户心理天平才会倾向于你。

21　坦白成交法

◆ 坦白成交法就是将项目的优缺点全盘托出"您看着办？"、"我就有这份自信"、"没有必要隐藏缺点"。这种推销方法适合于心眼小的客户，他们一定惊讶而狂喜，为你的诚实而叫好。"不买XX？没道理呀！"

22　感动成交法

◆ 你推销的不只是产品和服务，也是一种生活方式，一份感情。你在任何时候都应怀着"服务"的心态，一次次送资料，下班后还一次次等待迟到的客户。你还必须有站在客户角度分析问题的眼光，到这个程度，客户只有感动的份儿了，又一单进账，又赢得朋友了。

10.5　售楼逼定三部曲、相关战略和注意事项

01　逼定三部曲：狠、稳、准

◆ 狠：敢于开口对客户说："今天就把它订下来。"——签合同
敢于向客户要钱，愈多愈好（至少说三遍以上）。
不要相信客户不交钱的理由，客户不交钱，只是说明他还没有最终下定决心，还有些问题没有得到解决。
◆ 稳：逼客户签合同讲求的是火候，戒急躁，越是到临门一脚的时候，越是要放松，越是要给客户摆出无所谓的态度，说话语气、语速越是要放平放缓，让客户急，而不是让谈客者急，镇定自若。
◆ 准：寻找签单的最佳时机，既不能将战线拉得太长，更不能在未炒热客户的情况下，干巴巴的逼定，逼客户要逼出问题，由解决客户的问题到对客户进行洗脑的过程，需要一浪一浪冲击客户，解决一个问题逼客一次，目的性要强。

在逼定及谈判中，要有强烈的成交意识，所有的工作都是为了成交这一最终目标而做的。谈判的最高境界是让客户在不知不觉中签下合同，不留任何推销痕迹，签单是水到渠成的事情，"润物细无声"。逼客要学会给客户紧迫感，站在他的立场上为他考虑。谈客是一种沟通，是交流，是心与心的共鸣。销售过程某种意义上是逼客的过程，这种逼客的过程受环境、时间等影响，但最重要的一点是售楼人员要自己会给自己造势。

总结与提升：

02 逼定方式——战略高招

◆ 正面进攻，反复强调产品和环境的优点，重复购房手续、步骤，逼其下定。

★ 这是逼定永不改变的法则，体现出一个售楼人员的实力、信心。下定的基础是客户喜欢你的房子，引起欲望。

◆ 若不成功就追根究底，找出问题所在，击破之。

★ 也许他只是编一个善意的谎言，也许是真正的原因；但不要轻易放弃，用你的信心、胆略击破它。

◆ 一再保证，现在订购是对他最有利的，告诉客户不订而可能发生的利润损失。

★ "现在订购的客户很多，而房子是一种特殊的产品，每一户都是唯一的。""每一个客户都是很有眼光的，你看中的很可能是每一个客户都看中的。""相信自己的第一感觉。"

★ "下周我们的楼盘就要涨价了，你这样喜欢我们的房子，若一犹豫可能就会丧失一个很好的机会。""世上总没有十全十美的房子的，其实您的投资马上会收到回报。"

◆ 提供某项特殊的优惠作为签约的鼓励。

★ 即为利诱。例如价格，价格是一个漩涡，客户可以把你套在其中，你也同样可以让客户陷入价格的漩涡，当他达到一个平衡点时，然后放价让他达到另一个平衡点而下定，或者给他一个优惠的机会请他先订再说，套入网中。

◆ 假设一切已解决，草拟付款、合同、交房日期等。

★ 即渲染一种浓烈的成交气氛，让客户充分想象解决问题后的美好情景并下定。

◆ 商议细节问题，多投入、了解，彼此付出。

★ 付出就会有回报，细节问题的探讨会让客户感觉贴切、放心、感动并增加其下定的信心。

◆ 采取一种实际行动。

★ 如填写订单，起身握手引导客户，不给其犹豫、反应之机会。

◆ 诱发客户惰性。

★ 客户在下定时需要勇气。售楼人员希望成交，其实客户也希望成交，诱发他惰性，"楼盘虽多，合适自己的楼盘其实并不多，比较下去，累，算了吧！定下来，了却一件心事。"

◆ 举一实例，暗示××客户错过机会的遗憾。

★ 意味深长地告诉他："失去这次机会您会后悔的。"

逼定有很多技巧，其实是一种心理和实力的较量。最主要的是置业顾问应该以一种更成熟的心态来对待它。应从客户角度去分析，要掌握时机，使客户了解产品，喜欢产品，切勿操之过急。不要盲目逼定，做到心急而口不急，语速节奏沉稳而有力度，攻其弱点。

03 初次逼定的注意事项

◆ 时机要把握好，如果客户在你推荐完户型之后没有提出异议，则可以试探性的进行逼定。

◆ 初次逼定未必会产生理想效果，但是可以把客户内心的问题逼出来。

◆ 在客户提出异议的时候，需要立即记录，并且进行针对性的异议排除。

◆ 如果客户直接提出"不定"（推销失败信号），需要置业顾问能够心理平静，并且进行问题挖掘、解决。

开发阶段：　　　　　　　　　　　　　　　　年　　月　　日——　　年　　月　　日

总结与提升：

第十一部分 专题说明

11.1 地下车库建筑设计与成本优化

---

01 **决定地下车库成本的因素**

◆ 地下车库规定停车数量

◆ 地下车库范围、层数以及布置方式

  ★ 普通地下一层车库建安成本约 1600 元 /m²，人防地下室建安成本约 2300 元 /m²。

  ★ 地下一层加地下二层普通地下车库建安成本约 2000 ～ 2200 元 /m²。

  ★ 地下一层普通地下车库，地下二层人防地下室建安成本约 2000 ～ 2500 元 /m²。

◆ 人防地下室面积、等级及布置方式

  ★ 多层人防地下室一般置于最底下一层。

◆ 停车率

地下车库停车效率控制指标		
类型		停车率
无人防地下车库		32m²/ 车位
有人防地下车库	1/4 地下室总面积＜人防区面积＜ 1/3 地下室总面积	34m²/ 车位
	1/3 地下室总面积＜人防区面积＜ 1/2 地下室总面积	36m²/ 车位
	人防区面积＞ 1/2 地下室总面积	38m²/ 车位
1. 上部建筑落入地下室的面积比例大于地下室面积的 1/3 时，表中数值加 1。 2. 山地建筑可增加 0.5m²		

  ★ 停车率限值注意事项

    ● 停车率限值不是最优值，不能因已达到指标而停止优化。即力求达到停车率最大：万科公司项目已经做到 30m²/ 车位以下，如金城华府 1 期是 29.99m²/ 车位（地下车库：453 个车位 /13586m²）。

    ● 遇有特殊情况，应提前沟通确定。例如：当地下车库占地面积小于 5000m²，同时建筑居中布置时，停车率值难于控制。

    ● 当地车库与建筑塔楼彻底脱开，同时又没有人防时，停车率值能轻松做到 25m²/ 车位。

  ★ 影响停车率的因素

    ● 固有因素：是项目本身具有的，如规模、人防区面积等详规阶段就已确定，不受具体设计技术的影响。

    ● 设计技术因素：只受设计师设计经验及技术水平的影响。如：柱网、设备房、人防口部、轮廓线、布车方式等。

  ★ 提高停车率的关键措施

    ● 地下室轮廓线应平直方正，无用的面积一定要剔除。

    ● 柱网布置应符合车位及行车道模数，达到紧凑布置。

总结与提升：

- 避免行车道靠外墙布置。
- 避免布置平行或斜向车位。
- 设备房及非机动车库不允许挤占行车道两边的停车位。
- 设备房面积勉强够用即可，不能有富余。设备房不包括车库进排风机房、消防控制室（80m² 左右）以及无实际用途的假设备房。
- 人防口部设施应布置在不影响停车的地方。
- 关键的部位对结构构件进行局部转换（慎用）。

◆ 构造做法
  ★ 影响成本的关键点
    - 层高　覆土厚度　建筑垫层　排水找坡　汽车出入口　坡道人防主要出入口
  ★ 构造做法对成本的影响主要体现在材料的使用上。

◆ 含钢量

02　地下车库设计与成本问题

地下车库建筑设计中的 10 个主要错误		
常见错误做法	正确做法及措施	成本影响
未把层高控制到最小，有的甚至做到 4m 多高	一般 3.6m 即可（控制梁下高度 2.8m）	地下车库层高每增加 100mm，综合成本约增加 18 元 /m²
底板地面采用 300 ~ 400 mm 厚建筑垫层找坡	底板结构找坡，面层及排水层 50 ~ 150mm 厚	垫层每增加 100mm（层高同时也增加 100mm），综合成本约增加 28 元 /m²
顶板顶面做平均 200mm 厚的配筋细石混凝土找坡层	顶板用结构找坡，顶面做 40mm 厚的细石混凝土保护层	平均 200mm 厚的顶板配筋细石混凝土找坡层，综合成本约是 105 元 /m²
顶板覆土太厚，有的覆土厚度甚至达 1.8m	应进行精细设计，一般平均厚度不超过 1200mm	顶板覆土平均厚度每增加 300mm，综合成本约增加 30 元 /m²
地下室轮廓线未经仔细推敲，出现无效面积	轮廓线应平直方正，没用的空间一定要剔除	地下室建造成本约 2000 元 /m²
柱网及布车不合理，出现"隐形"无效面积	柱网应符合车位模数，紧凑布置，禁止边车道	经常能优化出几十甚至数百上千平方米无效面积，优化成本常常数百万元
设备房面积设计太大	设备房勉强够用即可	多出的设备房等于无效面积
设备房挤占停车位位置	禁止设备房挤占行车道旁边的停车位	补回相同车位数，需付出三倍面积，等于出现无效面积
相邻人防防护单元主要出入口未合并设置	相邻人防防护单元主要出入口应尽量合并设置	若未合并设置，不仅浪费而且影响景观布置
未利用汽车坡道作人防主要出入口	应尽量利用汽车坡道作人防主要出入口	另做楼梯或坡道出口，会浪费上万元

总结与提升：

03　控制及优化

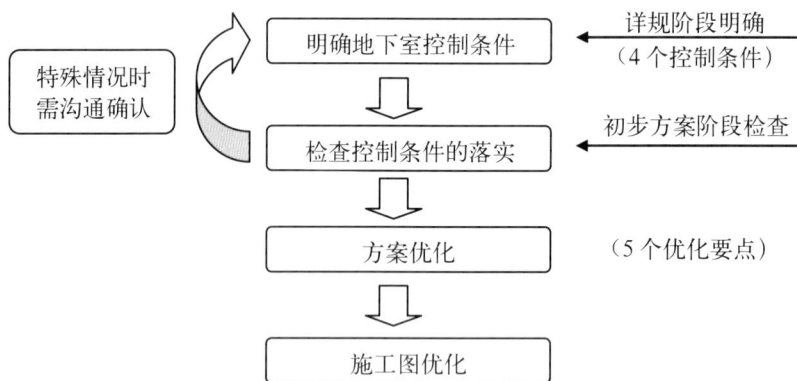

```
                                            ┌─────────────────┐        详规阶段明确
                                            │ 明确地下室控制条件 │ ◀────  （4个控制条件）
   ┌──────────┐    ⟲                       └─────────────────┘
   │ 特殊情况时 │                                    ⬇
   │ 需沟通确认 │                             ┌─────────────────┐        初步方案阶段检查
   └──────────┘                             │ 检查控制条件的落实 │ ◀────
                                            └─────────────────┘
                                                    ⬇
                                            ┌─────────────────┐
                                            │    方案优化      │        （5个优化要点）
                                            └─────────────────┘
                                                    ⬇
                                            ┌─────────────────┐
                                            │   施工图优化     │
                                            └─────────────────┘
```

04　地下室4个控制条件

控制条件	控制阶段	操作方法
地下室停车数	详细规划	★ 结合当地情况，与政府沟通，多做地面停车 ★ 对地面停车进行精细设计与统计，做到地下停车数最少 ★ 当地政府允许时，宜利用塔楼下方等不便布车的空间做摩托车位，来折减规定的停车数
地下室范围及层数	详细规划	★ 地下室层数越少越好 ★ 确定地下室的范围，宜使上部建筑尽量分布在地下室的周边 ★ 地下室的边线应尽量与上部建筑平行，并且方正简洁
人防面积及布置	单体方案	★ 结合本项目情况，综合分析是否异地建设或缴纳费用更有利 ★ 与当地政府部门沟通，尽量不做或少做五级人防地下室 ★ 按当地人防办规定计算应建人防地下室面积，不要多做 ★ 人防区应安排在最底层，并尽量利用塔楼下方及其他不便布车的空间布置人防口部设施
停车率限值	单体方案	按集团地下车库停车率限值进行规定

05　地下室5个优化要点

优化要点	优化方法
轮廓线	★ 轮廓线应简洁，避免出现多段折线，造成外墙增多 ★ 轮廓线应紧凑，避免出现多余空间，造成无效空间 ★ 轮廓线应方正，避免出现锐角弧线，造成布车障碍
柱网布置	★ 柱网尺寸应符合停车模数，达到最紧凑布置 ★ 尽量不要出现一车或两车的小柱距，应按并排三车均匀布置

总结与提升：

布车方式	★ 首选垂直停车方式，尽量不要出现平行及斜向停车 ★ 行车道宽度按规范最小尺寸执行（一般要求6m），不应过宽 ★ 塔楼与地下室之间不宜做纯粹连接通道，应安排两侧停车位 ★ 不应出现行车道靠边墙的情况
设备房	★ 设备房尽量布置在塔楼下方及其他不便停车的边角地带 ★ 设备房不能挤占停车位位置 ★ 设备房面积够用即可，不可有多余空间 ★ 水池、水箱尽量利用坡道下方及其他受限制空间
人防布置	★ 人防口部尽量布置在塔楼下方及其他不便布车的地带 ★ 相邻防护单元的人防主出入口应尽量合并设置 ★ 防护单元划分应与防火分区划分吻合，避免出现跨越错位

06 案例——万科地产车库总结

◆ 车道宽度

主车道宽度设置不合理，尺寸偏大，人为增加车库面积。

各种车道（出口）最小宽度			
类型		规范规定最小宽度	万科项目经验数据	备注
普通直线车道	单行	3.0m	4.0m	3.0m 仅为通车道最小宽度，未考虑从车道处进入停车位；如考虑停车，车道最小宽度为5.5m
	双行	5.5m	6.0m	垂直式后退停车
车库出入口宽度	单行	3.5m	4.0m	
	双行	6.0m	6.0m	
直线坡道	单行	一般单车道：3.0m 防火疏散用单车道：4.0m	4.0m	
	双行	一般双车道：5.5m 防火疏散用双车道：7.0m	普通：6.0m 疏散：7.0m	
曲线坡道	单行	一般单车道：3.8m 防火疏散用双车道：4.0m	4.0m	
	双行	7.0m	7.0m	

◆ 车库出入口设计不当

能设一个单车道出入口设成双车道出入口；或能设两个"单车道"出入口设成两个"双车道"出入口，人为增加车库面积。

总结与提升：

国家对出入口数量及宽度的基本要求		
车库停车数量	出入口数量（个）	出入口宽度
≤ 50 辆	一个单车道出入口	国家规定最小宽度：单车 3.5m，双车 6.0m
51 ～ 100 辆的地下车库	一个双车道出入口，或两个单车道出入口	
51 ～ 150 辆的地上车库（含半地下车库）		
> 100 辆的地下车库	两个单车道出入口	设计常用数据：单车 4.0m，双车 6.0m
> 150 辆的地上车库（含半地下车库）		

◆ 转弯半径设计不当

　★ 问题描述

　　误将国家规定的汽车的最小转弯半径 6m，理解为是车道的最小内径，导致车道的内径过大，相应的增加车库面积。

　　（注：汽车最小转弯半径是指汽车回转时汽车的前轮外侧循圆曲线行走轨迹的半径）

　　"汽车的最小转弯半径"与车道内径的关系详下图所示。

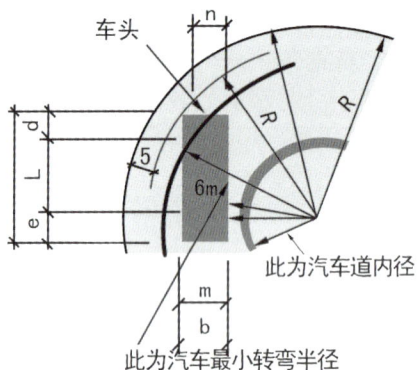

★ 解决措施

　　根据《汽车库建筑设计规范》4.4.10 条的计算公式，计算得出：车库汽车环行道的最小内径一般取 3.9 ～ 4.2m 即可。此数据要牢记。

◆ 车库排水设计失误

　★ 问题描述

　　● 地下车库，以及地下水位较高的开敞式集中停车库未考虑明沟排水。

　　● 个别项目，由室外进入室内的坡道起始点和结束端，未设排水明沟。

　★ 产生原因

　　● 有的项目地下车库底层层高未考虑 250（最薄处）～ 350mm 厚的滤水层的厚度，导致地下室层高不够不能设滤水层及排水明沟。

　　● 对明沟设置原则，不是很明确，从而遗漏。

　★ 解决措施

开发阶段：　　　　　　　　　　　　　　　　年　　月　　日——　　年　　月　　日

总结与提升：

在进行集中车库设计时，明沟的设置应遵循如下原则：

设置明沟的部位	是否设置明沟	明沟形式	备注
地下车库底层	设，沟深 200～300mm；沟宽 250mm	一般为建筑做法设置明沟，即利用滤水层厚度来设置明沟（详附图一）	明沟位置与车道平行（具体是靠近车道还是靠近车库的外维护墙，可根据具体项目情况来定） 明沟尺寸： A. 设滤水层的底层：沟深不小于 300mm；沟宽 200mm B. 坡道处，以及雨水较大的开敞式车库：沟深不小于 300mm；沟宽 200mm C. 其他明沟：沟宽 200mm；沟深 150mm 一般明沟设铸铁成品算子（如人不宜到达处，也可不设） 算子尺寸： 300mm×490mm×10mm（用于 A、B） 250mm×400mm×10mm（用于 C）
开敞式集中停车库底层，以及上部各层	各层均设	底层：同地下室底层；尺寸同地下车库上部各层：由结构设置明沟（详附图二）	
半地下车库	设	由结构设置明沟	
由室外进入车库的坡道的起点端	设	一般为建筑做法设置明沟	
由室外进入车库的坡道的结束端	设	由结构设置明沟	
架空层处的停车库	不设	——	
车库入车的一面完全敞开、车道是利用室外道路的车库	地下水位较低时不设；地下水位较高时设	由结构设置明沟	"地下水位较高"泛指周边有湖泊河流，或者项目周边有山体

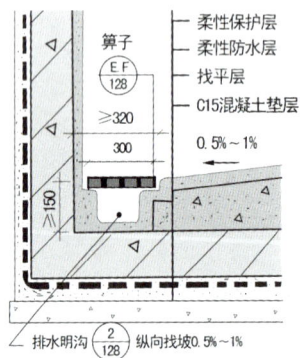

附图一

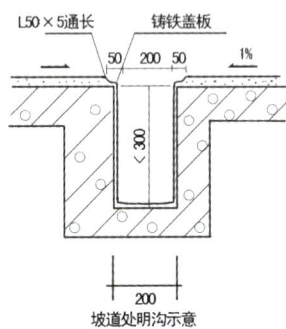

附图二

◆ 车库坡道设计失误
　★ 坡道设计问题主要有二
　　● 问题一：当车道纵向坡度大于 10% 时，坡道的上下端未设缓坡使坡道设计不能满足国家规范要求，导致设计变更较大。
　　● 解决措施：在计算坡道坡度时，一定预先考虑缓坡要求。

开发阶段：　　　　　　　　　　　　　年　月　日——　年　月　日

总结与提升：

缓坡的具体规定详下图所示：

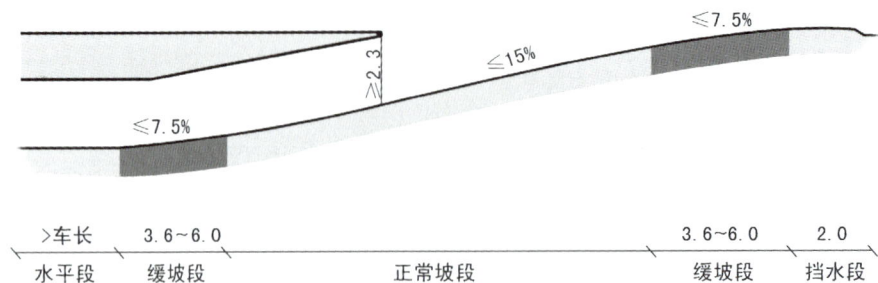

类型		规范规定最小宽度	万科项目 经验数据	备注
直线坡道	单行	一般单车道：3.0m 防火疏散用单车道：4.0m	4.0 m	
	双行	一般双车道：5.5m 防火疏散用双车道：7.0m	普通：6.0m 疏散用：7.0m	
曲线坡道	单行	一般单车道：3.8m 防火疏散用双车道：4.0m	4.0 m	
	双行	7.0 m	7.0 m	

- 问题二：个别项目，坡道设计宽度过大，人为增加车库面积。
- 解决措施：应熟悉掌握国家规范的相关数据要求，在方案设计时，选择合理的坡道宽度。
  各类坡道宽度具体规定详下表。

另外，请悉知一般坡道的结构参数：

坡道类型	结构布置	坡道板厚	坡道梁高	备注
普通小车的坡道	双向板	110 ~ 120mm	1/12 的跨度	仅供估算用，以计算为准
	单向板	150mm	1/12 的跨度	
消防车坡道	双向板	180 ~ 200mm	1/10 的跨度	
	单向板	一般不用	—	

◆ 车库结构"楼面、顶板与梁"设计失误

在审图过程中，发现设计院结构专业设计不够精细，一些参数选取较大，梁板厚度以及梁高均较大，人为的增加成本。因此，今后为避免类似问题发生，应向设计院明确一些基本的设计要求。

★ 车库楼面的基本设计原则

- 基本结构参数
  普通停车库的楼面活荷载取值为 $4kN/m^2$，板厚取值为 h=110 ~ 120mm，在合理跨度的情况下，配筋基本采用构造配筋。框架梁高一般采用 1/12 ~ 1/10 的跨度足够，次梁采用 1/14 ~ 1/12 的跨度。

开发阶段：　　　　　　　　　　　　　　　年　　月　　日——　　年　　月　　日

总结与提升：

● 面层和找坡

普通停车库的面层和找坡应一起考虑,对于双面停车的车库楼面,一般采用1%上下都斜的同厚度结构找坡。面层厚度最多为50mm,面层中需配Φ4@150x150 ~ 200x200的钢丝网片,提高面层的耐磨性和抗开裂性。

● 普通用途的地下室楼面参照其他结构做法。

★ 地下室顶板

● 顶板厚度

顶板厚度和顶板所处的位置、顶板的覆土、跨度等有关。

顶板类型	顶板最小合理厚度	备注
住宅室内部分	100mm(由跨度确定)	
覆土 ≤ 300mm 的顶板	120mm	
覆十 >300mm 的顶板	150mm	仅供估算用,以计算为准
作为上部结构的嵌固部位	180mm	
处于转换层的顶板	180mm	
人防顶板	200mm	跨度一般 ≤ 3.5m

● 顶板梁高

根据顶板的覆土、是否做人防而定,可大概估算。

顶板类型	顶板梁高	备注
覆土 ≤ 500mm	≈ 1/12 ~ 1/10 的跨度	
500mm< 覆土 ≤ 1000mm	≈ 1/10 的跨度	
1000mm< 覆土 ≤ 1500mm	≈ 1/8 的跨度	仅供估算用,以计算为准
1500mm< 覆土 ≤ 1800mm	≈ 1/8 ~ 1/6 的跨度	
1200mm< 覆土 ≤ 1800mm 的人防顶板	≈ 1/6 的跨度	跨度一般 ≤ 7.2m

注:为降低层高,也可考虑采用宽扁梁,但会增加一些造价。一般不采用将大部分顶板梁上翻形成"水池",如确实要上翻,上翻高度至少 ≥ 300mm,并应在梁上合适位置预留 Φ50mm 的过水洞,洞底标高同板面。

● 顶板排水找坡

对于双面停车的车库顶面,一般采用 ≥ 2% 的上下都斜的同厚度结构找坡。面层做法详景观设计要求。

11.2 房地产营销策略

01 营销策略

◆ 区域营销 ◆ 品牌营销 ◆ 竞争营销 ◆ 双赢营销 ◆ 专业营销 ◆ 整合营销
◆ 全员营销 ◆ 服务营销 ◆ 网络营销 ◆ 文化营销 ◆ 轰动效应营销 ◆ 创新营销 ◆ 借势营销

总结与提升：

02　房地产项目促销十八式

- ◆ "无风险投资"促销法
  - ★ 自由退房 ★ 试住 ★ 换房促销法 ★ 以旧换新
- ◆ 购房俱乐部法
  - ★ 复地集团的"复地会"★ 万科集团的"万科会"
- ◆ "购房安全卡"促销法
- ◆ "精装修房"促销法
  - ★ 菜单式装修
- ◆ 周末购房直通车促销法
- ◆ 优惠价格促销法
- ◆ 压迫式促销法
- ◆ 名人效应完美形象促销法
- ◆ 环保卖点促销法
- ◆ 保健卖点促销法
- ◆ 展销会促销法
- ◆ 赠奖促销法
- ◆ 抽奖促销法
- ◆ 先租后卖促销法
- ◆ 联合推广楼盘促销法
- ◆ 公益赞助促销法
- ◆ 节庆、典礼促销法
- ◆ 新闻、公关促销法

11.3　如何化解尾房销售难题

关于尾房销售，它是一个系统问题，不仅仅是一个单一的专项问题。

01　系统层面思考

- ◆ 首先应该追溯到定位阶段，某一户型剩余较多，说明当时的定位和户型配比没有非常贴切地与市场和客户需求相吻合。
- ◆ 其次从推盘和定价层面思考，尾房的定价可以和其他户型进行均衡考虑，追求均衡去化。
- ◆ 从样板展示层面思考，重点展示去化难度大的户型，客户更容易接受和购买样板间展示的户型。
- ◆ 从开盘确定销售任务时，就把去化任务要求加进去。也有助于均衡销售。
- ◆ 从前期的促销政策层面，在没有去化不均衡的情况出现时，就有意识地通过促销政策引导，让客户主动购买可能会有去化难度的户型。
- ◆ 从销控层面，适度控制有去化难度的户型，让置业顾问首先推荐有去化难度的大户型、让客户不得不选择此类户型，避免等到最后，只剩难去化户型，让置业顾问和客户心态都难以转变。

总结与提升：

02　策划层面思考

◆　重新定义市场，改进产品

★　市场重新定位

★　广告媒体重新定位

★　宣传内容重新定位

◆　制定目标各个击破

★　圈层营销

如：鼓励老客户带新客户成交，例如奖励介绍成交的老客户一定金额的酬金；节假日给老客户发送祝福问候短信；项目有新动态可将信息邮寄或短信给老客户；可邀请老客户带亲朋好友来项目参加各种活动；组建的 VIP 客户俱乐部资源，节假日统一针对性回馈打折促销，吸引 VIP 客户关注，体现项目的向心力。

◆　直接向目标客户传递销售信息。

◆　变坐销为行销。

◆　选择直接针对目标客户的媒体通路。

★　难去化的户型是否有样板间？

★　难去化的户型是否有专项的营销推广？

例如：购买 XX 平方米，获宝马购车基金 15 万元？可直接优惠总价 15 万元？

03　销售层面思考

◆　是否有针对难去化户型的专项推介说辞。

◆　是否在整个管理团队有针对难去化户型的专项管理政策。

◆　对于每一个来访客户是否要求置业顾问必须优先推荐难去化户型，客户实在不能接受才往其他户型引导。

◆　是否对于难去化户型制定专项的佣金奖励措施。

◆　置业顾问是否有新盘心态，管理并调整销售人员的心态，把尾盘当开盘做，做好置业顾问的开盘心态引导、加之案场的管理制度压力、动力和置业顾问的强推，可以达到去化的目标。如果能配合样板间展示可能更容易。

◆　常用促销方式研究

★　明折降价：直接降价、特价 / 一口价、付款方式折扣、老业主介绍折扣。

★　教育基金抵扣房款、团购折扣、活动折扣、内部员工价、抽奖促销、送物业费、减首付价格杠杆挤压法，通过价格比较及房源挤压，打消抗性。

★　隐形降价：降低首期款、送装修、送物业管理、送花园、送绿化、送露台、送阁楼、送小院、送地下室、送家电、送车位等。

★　其他常用赠送：旅游、高尔夫会籍、分时度假权益、小礼品。

★　销控法：剩余房源中选出部分房源进行销控板销控，要求是各类房源的对面或下户或上户都有已售的。打消房源抗性。

04　难去化平户型推介专题说辞

一方面可以加强每个人对于难去化户型的优势认识，另一方面也可以标准化难去化房源的推介说辞，必须能够让自己认为该户型是我们目前房源里面最适合客户购买的。

总结与提升：

◆ 专题的构成框架
   ★ 难去化户型的标准说辞。突出户型优点和给客户带来的好处。
   ★ 难去化户型和其他户型的对比说辞。寻找可对比的点、突出难去化户型的可推介点。
   ★ 难去化户型价格及优惠政策说辞。
   ★ 难去化户型和其他户型的价格及优惠对比说辞，突出难去化户型的性价比。
   ★ 难去化户型的共性抗性的解决说辞。如面积大、总价高、税费政策等。
   ★ 结论：推介该户型是能够给客户带来最大价值的房源。
◆ 说辞的组织思路
   ★ 每个人针对这个专题写出自己的说辞，集思广益。
   ★ 每个人完成后由组织者针对这个专题开一次专项头脑风暴会议。
   ★ 组织者必须对这个专题有自己的思路和框架。
   ★ 会后把这个专题按照思路和框架整理完成，形成标准化说辞发给每个人。
   ★ 组织强化实战对练、模拟。
   ★ 组织对这个专题进行专项考核。
   ★ 观察置业顾问日常运用的情况，及时补充和纠正。

11.4 容积率专题

01 容积率

◆ 容积率：指某一基地范围内，地面以上各类建筑的建筑面积总和与建筑用地面积的比值。容积率越低，居民的舒适度越高，反之则舒适度越低。
◆ 计算公式：容积率＝总建筑面积÷总用地面积（当建筑物层高超过8m时，在计算容积率时该层建筑面积加倍计算）。
◆ 容积率决定了不同产品类型之间的配比，决定了不同的产品形态，决定了不同的产品户型使用功能，决定了项目的盈利和盈利表现，决定了项目能否盈利、盈利难度及如何盈利的问题。

02 容积率与建筑密度的关系

容积率	建筑密度	住宅类型
0.1 ~ 0.3	10% ~ 20%	独栋
0.3 ~ 0.6	25% ~ 30%	独/拼/联
0.6 ~ 1.0	30% ~ 35%	拼/联/叠
1.0 ~ 1.2	35% ~ 40%	联/洋房（6F）
1.2 ~ 2.0	25% ~ 30%	多层（一梯二）/小高层（11+1F）

总结与提升：

2.0 ~ 3.0	25% ~ 30%	中高层（一梯四，18 层）
3.0 ~ 5.0	20% ~ 25%	高层（一梯六，80m）
> 5.0	15% ~ 20%	超高密度

03　容积率与建筑类型之间的系数对比

建筑形式	高品质低容积率	中品质中容积率	低品质高容积率
独立、双拼别墅	< 0.3	0.3 ~ 0.4	> 0.4
TOWNHOUSE/ 联排别墅	0.5 ~ 0.6	0.6 ~ 0.7	0.7 ~ 0.9
4、5 层叠加	0.7 ~ 0.8	0.8 ~ 0.9	0.9 ~ 1.1
6 层多层	1.1 ~ 1.3	1.3 ~ 1.5	1.5 ~ 1.7
11 层小高层	1.7 ~ 2.0	2.0 ~ 2.2	2.2 ~ 2.5
18 层高层	2.2 ~ 2.5	2.5 ~ 2.7	2.7 ~ 3.2

04　不同容积率产品组合及规划排布

容积率	产品组合形式	规划排布方式
0.2 ~ 0.5	★纯独栋 ★独栋 + 双拼 ★独栋 + 合院 ★独栋 + 联排	★岛屿式 ★行列式 ★自由式
0.5 ~ 0.7	★纯联排 ★联排 + 独栋 ★联排 + 双拼 ★独栋 + 叠加	★行列式 ★自由式 ★向心式
0.7 ~ 1.5	★叠加 + 其他别墅 ★多层 / 洋房 ★多层 + 别墅 ★小高层 + 别墅 / 多层	★轴线式 ★向心式 ★行列式 ★自由式
1.5 ~ 2.0	★小高层住宅 ★小高层 + 多层 ★小高层 + 别墅 ★多种组合	★围合式 ★轴线式 ★行列式 ★向心式
2.0 ~ 2.5	★高层住宅 ★高层 + 小高层 ★高层 + 多层 ★高层 + 别墅 ★多种组合	★围合式 ★轴线式 ★行列式
2.5 ~ 4.5	★超高层 ★超高层 + 小高层 / 高层 ★超高层 / 高层 + 多层 ★高层 + 别墅 ★多种组合	★集约式 ★围合式 ★轴线式

◆ 容积率低于 0.3，这是非常高档的独栋别墅项目。

◆ 容积率 0.3 ~ 0.5，一般独栋别墅项目，环境还可以，但感觉有点密了。如果穿插部

开发阶段： 　　　年　月　日——　　年　月　日

总结与提升：

分双拼别墅、联排别墅，就可以解决这个问题了。

◆ 容积率 0.5～0.8，一般的双拼、联排别墅，如果组合 3～4 层，局部 5 层的楼中楼，这个项目的品位就相当高了。

◆ 容积率 0.8～1.2，全部是多层的话，那么环境绝对可以堪称一流。如果其中夹杂低层甚至联排别墅，那么环境相比而言只能算是一般了。另外容积率在 0.8～1.0 时也可以考虑叠加别墅（3～4 层）；容积率在 1.0～1.2 时也可以考虑做花园洋房（4～5 层）。

◆ 容积率 1.2～1.5，正常的多层项目，环境一般。如果是多层与小高层的组合，环境会是一大卖点。

◆ 容积率 1.5～2.0，正常的多层＋小高层项目。

◆ 容积率 2.0～2.5，正常的小高层项目。

◆ 容积率 2.5～3.0，小高层＋二类高层项目（18 层以内）。此时如果做全小高层，环境会很差。

◆ 容积率 3.0～6.0，高层项目（19～33 层，楼高 100m 以内）。

◆ 容积率 6.0 以上，摩天大楼项目。

05　容积率（R）、建筑密度（C）与层数（H）的关系

当宗地内各房屋的层数相同，且对单个房屋来说各层建筑面积相等时，三者之间的关系可表示为：$R = C \cdot H$，此种情况下，建筑层数与容积率成正比例关系，如果基地面积和建筑密度不变，那么建筑物的层数越多，容积率就越大。

06　运用容积率增加面积

◆ 加大楼座排布密度，缩小楼间距。

◆ 在政府部门允许的情况下，增加楼层数量。

◆ 增加进深。

07　容积率与建筑类型的转换

◆ 不改变容积率，但改变建筑类型

建筑密度不变，容积率提高，层数增加；容积率不变，层数增加，建筑密度降低。利用容积率与建筑密度的换算关系，把低容积率高密度的多层产品做成低容积率低密度的高层产品，创造出新的物业组合方式。此手法主要运用于江景、湖景、海景等观景项目。由于层数的增加，使建筑密度得到有效降低，既增加了小区绿地面积和公共面积，同时又有利于景观价值的挖掘，从而提高物业开发价值。

◆ 不改变建筑类型，但降低容积率

容积率降低，居住品质提升，从而提高项目售价，实现利润最大化。此种做法常见于别墅或豪宅项目的开发，针对的多为高端客群，其对售价不敏感，但注重居住品质及良好的生态环境。

08　容积率与建筑层数

建筑层数与容积率成正比——如果基地面积和建筑密度不变，那么建筑物的层数越多，容积率就越大。

总结与提升：

11.5 售楼处筹备专题

01 物料筹备

◆ 总监办公室
  ★ 电脑 ★ 大椅子 ★ 桌子 ★ 文件柜 ★ 茶几 ★ 中型沙发 ★ 笔架（带名片盒）★ 书立
  ★ 盆栽

◆ 办公区
  ★ 电脑 ★ 固定电话 ★ 电脑桌 ★ 普通椅子 ★ 文件柜 ★ 笔架（带名片盒）★ 刷卡机
  ★ 点钞机 ★ 激光打印机 1 台（支持正反页）★ 备用配套硒鼓 1 个 ★ 文件夹（拉
  杆、内透膜、打孔加厚）★ 铅笔 ★ 签字笔 ★ 订书机 ★ 订书针 ★ 起钉器 ★ 直尺
  ★ 裁纸刀 ★ 燕尾夹 ★ 回形针 ★ 双面胶 ★ 标签纸 ★ 胶水 ★ 打孔器 ★ A4 打印纸
  ★ 计算器 ★ 信笺 ★ 橡皮

◆ 更衣间
  ★ 更衣柜（上下一体）★ 凳子

◆ 卫生间
  ★ 壁画 ★ 暖色调绢花 ★ 瓶装洗手液 ★ 吹干机 ★ 手纸卷轴 ★ 手纸 ★ 空气清新剂

◆ 展示厅
  ★ 饮水机 ★ 盆栽 ★ 公司简介背板 ★ 楼梯间装饰画 ★ 纸杯 ★ 杯托 ★ 资料索取架
  ★ 墙面户型模型图 ★ 宣传单页 ★ 易拉宝 ★ 多媒体电视 ★ 音响 ★ 楼书 ★ 户型图册
  ★ 空调

◆ 前台
  ★ 刷鞋机 ★ 雨架 ★ 电话 ★ 书立 ★ 谈客夹（带计算器）★ 激光笔 ★ 工装 ★ 工牌
  ★ 吧台椅 ★ 饮水机 ★ 文件夹（拉杆、内透膜、打孔加厚）★ 铅笔 ★ 签字笔 ★ 荧光笔
  ★ 涂改液 ★ 橡皮 ★ 订书机 ★ 订书针 ★ 起钉器 ★ 直尺 ★ 裁纸刀 ★ 燕尾夹 ★ 回形针
  ★ 双面胶 ★ 标签纸 ★ 胶水 ★ 打孔器 ★ A4 打印纸 ★ 计算器

◆ 沙盘区
  ★ 沙盘 ★ 区域模型 ★ 户型模型

◆ 洽谈区
  ★ 沙发 ★ 茶几 ★ 音乐播放器 ★ 烟灰缸 ★ 糖果盘 ★ 儿童简易玩具

◆ 销售处门前
  ★ 彩虹门 ★ 彩旗 ★ 旗杆 ★ 宣传条幅 ★ 红地毯 ★ 室外临时立式灯箱指引牌
  ★ 鼓风机 ★ 挡车路障

02 人员筹备

售楼处人员架构：参见"第三部分 各部门岗位职责标准化"。

◆ 售楼处人员培训
  ★ 具体要求
    ● 安排参加培训的销售员，必须准时参加培训。
    ● 准备专门的培训学习记录本，做好培训笔记。
    ● 培训结束后采取现场答卷的方式进行考核。
    ● 工作中检查培训成果，逐步学习逐步进取。

总结与提升：

★ 销售人员培训计划表

时　间	内　容	备　注
4 课时	自我介绍 一、房地产基础知识	第一节　名词解释 第二节　销售术语 第三节　图纸户型
	二、销售人员职业素质与礼仪	第一节　职业素质 第二节　销售礼仪 第三节　接待礼仪 第四节　沟通礼仪 第五节　电话礼仪
4 课时	三、房地产销售流程	第一节　寻找客户 第二节　现场接待 第三节　谈判 第四节　客户追踪 第五节　处理客房异议 第六节　签约 第七节　入住
	四、销售技巧	第一节　电话接听技巧 第二节　推介产品技巧 第三节　销售谈判及成交技巧
4 课时	五、销售人员须知	第一节　办理按揭及计算（办理按揭所需资料一览表、 利率计算表及入住费用表） 第二节　入住程序及费用 第三节　相关法律法规
	六、销售部工作流程及行为规范	第一节　销售人员行为准则 第二节　销售部内部分工 第三节　接待、签约流程 第四节　销控及回款
8 课时	七、市场调研	第一节　竞争楼盘调查表 第二节　竞争对手优劣势分析 第三节　对本项目进行分析

★ 培训重点
- 销售人员的亲和力
- 现场接待
- 房地产基本概念
- 房地产销售流程
- 房地产销售技巧
- 销售相关基本概念

03　增值服务

◆ 饮品

★ 品种：根据季节不同提供不同的饮品

开发阶段：   年   月   日——   年   月   日

总结与提升：

- 春季：冰糖菊花茶或冰糖枸杞茶；
- 夏季：柠檬水或绿茶；
- 秋季：绿茶或红枣茶；
- 冬季：红茶或红枣茶。

★ 泡制：由案场秘书将两种饮品分上午、下午各泡制一次，或隔天泡制一次。具体泡制方法视不同饮品而定。

★ 价格：视饮品种类而定，购买时选择质量中等的原料。

★ 存放：存放于密封罐或密封袋中，防止受潮。

★ 用量：菊花／枸杞／干柠檬片／红枣／绿茶／红茶：约100g/月；冰糖：约500g/月。各饮品的具体用量随客户到访量或天气情况出现变动。

★ 工具：保温壶或玻璃瓶。

★ 服务：询问客人需求，根据客人需求为客人准备饮品或水，若客人需要饮品，则在为客人端上饮品时要告知客户我们的饮品都是经过"洗"的程序，请客户放心饮用。

◆ 纯净水：儿童主要提供纯净水
◆ 糖果

★ 品牌：上好佳清凉薄荷糖。

★ 用量：500g/月，具体用量根据客户到访量出现变动。

★ 服务：糖果放于案场桌子上，1碟/桌，10块/碟。

◆ 饼干

★ 品牌：达利园／雅客休闲散装单独包装饼干。

★ 用量：2～3袋/碟/次，具体用量根据客户到访量出现变动。

◆ 山楂片

★ 品牌：超市散装类。

★ 用量：约10片/碟/次，具体用量根据客户到访量出现变动。

◆ 其他

★ 以上物品由公司总部统一购买，各售楼处由案场秘书在月初上报各物品需求计划，填写《饮品、糖果、点心使用申请表》。

★ 案场秘书记录以上物品的使用情况，月末记录剩余数量并根据剩余数量上报案场经理制定下月需求计划。若出现重要活动，需特别写明活动中各类物品使用情况。

★ 月初各案场秘书将上月《售楼处饮品、糖果、点心使用记录表》上传至总公司行政处，作为参考数据保存。

★ 各类饮品、糖果、点心由案场秘书负责存放，注意防潮、防虫，并摆放整齐，置于售楼处统一位置。

★ 各类饮品的冲泡、糖果和点心的补充原则上由案场秘书负责，案场秘书不在时由案场经理安排相关人员负责。

★ 泡制饮品的器皿（保温壶或玻璃瓶）、盛放糖果和点心的小碟的清洗工作原则上由案场秘书负责，案场秘书不在时由案场经理安排相关人员负责。器皿和小碟需每天清洗，保持干净。

★ 案场工作人员不得私自使用各类饮品、糖果和点心。

开发阶段：　　　　　　　　　　　　　　　　　年　　月　　日——　　年　　月　　日

总结与提升：

第十二部分　项目销售后总结标准化

12.1　销售回款表

项目销售情况		年	年	年	年	年	年	合计
计划	销售面积							
	销售金额							
	结算面积							
	结算金额							
	结算利润							
实际	销售面积							
	销售金额							
	结算面积							
	结算金额							
	结算利润							
变化说明								

12.2　合作单位评价表

01　营销类

销售代理	名称：		负责人：	
	业务内容：			
	提报能力：		销售执行能力：	
	售后服务能力：		取费标准：	
	评级：○一星级　○二星级　○三星级　○四星级　○五星级			
	综合评价说明：(亮点或突出表现及缺点)			

总结与提升：

市场研究	名称：		负责人：	
	业务内容：			
	市场研判能力：		客户需求分析能力：	
	产品定位能力：		取费标准：	
	评级：○ 一星级 ○ 二星级 ○ 三星级 ○ 四星级 ○ 五星级			
	综合评价说明（亮点或突出表现及缺点）：			
广告设计	名称：		负责人：	
	业务内容：			
	平面设计能力：		媒体策略制定能力：	
	营销费用把握能力：		访谈能力：	
	评级：○ 一星级 ○ 二星级 ○ 三星级 ○ 四星级 ○ 五星级			
	综合评价说明（亮点或突出表现及缺点）：			
商业	名称：		负责人：	
	业务内容：			
	定位能力：		包装能力：	
	销售能力：		取费标准：	
	评级：○ 一星级 ○ 二星级 ○ 三星级 ○ 四星级 ○ 五星级			
	综合评价说明（亮点或突出表现及缺点）：			

02 设计类

规划及方案设计	名称：		负责人：	
	业务内容：			
	规划预判能力：		规划价值创造能力：	
	服务态度方面：		取费标准：	
	评级：○ 一星级 ○ 二星级 ○ 三星级 ○ 四星级 ○ 五星级			
	综合评价说明（亮点或突出表现及缺点）：			

开发阶段：　　　　　　　　　　　　　年　　月　　日——　　年　　月　　日

总结与提升：

设计总包资源及施工图	名称：		负责人：	
	业务内容：			
	技术解决能力：		协调管理能力：	
	服务态度方面：		取费标准：	
	评级：○ 一星级 ○ 二星级 ○ 三星级 ○ 四星级 ○ 五星级			
	综合评价说明（亮点或突出表现及缺点）：			
景观设计	名称：		负责人：	
	业务内容：			
	地域植被经验：		资源分配及成本控制能力：	
	后期施工配合及服务：		取费标准：	
	评级：○ 一星级 ○ 二星级 ○ 三星级 ○ 四星级 ○ 五星级			
	综合评价说明（亮点或突出表现及缺点）：			

03 工程类

总包	名称：		负责人：	
	业务内容：			
	评级：○ 一星级 ○ 二星级 ○ 三星级 ○ 四星级 ○ 五星级			
	综合评价说明（亮点或突出表现及缺点）：			
门窗	名称：		负责人：	
	业务内容：			
	评级：○ 一星级 ○ 二星级 ○ 三星级 ○ 四星级 ○ 五星级			
	综合评价说明（亮点或突出表现及缺点）：			

开发阶段：　　　　　　　　　　　　年　月　日——　年　月　日

总结与提升：

电器	名称：	负责人：
	业务内容：	
	评级：○ 一星级 ○ 二星级 ○ 三星级 ○ 四星级 ○ 五星级	
	综合评价说明（亮点或突出表现及缺点）：	
主体建筑材料	名称：	负责人：
	业务内容：	
	评级：○ 一星级 ○ 二星级 ○ 三星级 ○ 四星级 ○ 五星级	
	综合评价说明（亮点或突出表现及缺点）：	
装修材料	名称：	负责人：
	业务内容：	
	评级：○ 一星级 ○ 二星级 ○ 三星级 ○ 四星级 ○ 五星级	
	综合评价说明（亮点或突出表现及缺点）：	

购买此书的人，均有机会获得额外惊喜！

亲爱的伙伴：

时间飞逝，新的一年即将过去，这是不平凡的一年，我们在房地产营销管理方面已经取得了长足的进步。

过往的经验告诉我们，只要你认真地整理你的日常心得，记录、整理你的实际工作方法和体会，结合应用标准化建设网站 www.xlhgw.com 的增值服务，你应该可以成为房地产界的行家里手。

使用到今天，或许这本工作日志给你带来了收获，或许这本工作日志还有很多不尽如人意的方面。我们真心希望你能登录 www.xlhgw.com 提出宝贵的意见，帮助我们完善下一版次的《房地产营销标准化日志》，以便其以专业性和实用性服务于更多的房地产同行们，让我们的智慧能在未来的房地产营销管理中得以应用。

如果你在某个业务领域颇有心得，希望你能加入我们的队伍，我们愿意成为你成功道路上的好帮手；如果你已成为某个方面的专家，希望你能加盟我们的专家团队，为更多的人提供帮助！

惊喜不断！

- 免费获得最新的标准化体系更新电子版一份；
- 免费预约房地产标准化商学院的专家团，进行专题顾问咨询一次；
- 免费获得商业地产、别墅地产、旅游地产、大盘开发的专家顾问团实地指导一次；
- 免费获得房地产营销标准化体系建设顾问一次。

订阅《房地产营销标准化日志》可采取以下三种方式

- 少量订阅可以通过网络进行查询和购买，销售网站包括中国建筑工业出版社网址 (http://www.cabp.com.cn)、网上书店（http://www.china-building.com.cn）、本社天猫店：（http://zgjzgycbs.tmall.com）、当当网、亚马逊网、京东商城；
- 大宗订阅可以联系中国建筑工业出版社，联系方式：电话：010-58337253，邮箱：1246127989@qq.com
- 还可登录本书的增值服务网站（http://www.xlhgw.com）进行订阅，凡是前版本手册的使用者，可享受 8.8 折购买本版《房地产营销标准化日志》的优惠。

登录 www.xlhgw.com 查看《房地产营销标准化日志》征订详情，会有更多惊喜！

我们期待你的登录！

房地产标准化商学院